고양이 마을로 돌아가다
나쁜 자본주의와 이별하기

ROJIURA NO SHIHONSHUGI (路地裏の資本主義)
Copyright ⓒ Katsumi Hirakawa 2014
Edited by KADOKAWA MAGAZINES
First published in Japan by KADOKAWA CORPORATION, Tokyo
Korean translation copyright ⓒ 2015 by Esoope Publishing Co. All rights reserved.
Korean translation rights arranged with KADOKAWA CORPORATION, Tokyo
through JAPAN UNI Agency, Inc., Tokyo and Korea Copyright Center, Inc., Seoul.

고양이 마을로 돌아가다 - 나쁜 자본주의와 이별하기

1판 1쇄 발행일 2016년 2월 10일
지은이 | 히라카와 가쓰미
옮긴이 | 남도현
펴낸이 | 임왕준
편집인 | 김문영
삽 화 | 전지
교 정 | 양지연
펴낸곳 | 이숲
등록 | 2008년 3월 28일 제301-2008-086호
주소 | 서울시 중구 장충단로8가길 2-1(장충동 1가 38-70)
전화 | 2235-5580
팩스 | 6442-5581
홈페이지 | http://www.esoope.com
페이스북 | http://www.facebook.com/EsoopPublishing
Email | esoope@naver.com
ISBN | 979-11-86921-05-0 03320
ⓒ 이숲, 2016, printed in Korea.

▶ 이 책은 환경보호를 위해 재생종이를 사용하여 제작하였으며 한국출판문화산업진흥원이 인증하는 녹색출판
   마크를 사용하였습니다.
▶ 이 도서의 국립중앙도서관 출판시도서목록(CIP)은 e-CIP홈페이지(http://www.nl.go.kr/ecip)와 국가자료공
   동목록시스템(http://www.nl.go.kr/kolisnet)에서 이용하실 수 있습니다.(CIP제어번호 : CIP2016000451)

路地裏の資本主義

고양이 마을로
돌아가다

나쁜 자본주의와 이별하기

히라카와 가쓰미 지음 | 남도현 옮김

아숲

한국어판에서는 다른 제목을 달았지만, 이 책의 원제인 '뒷골목 자본주의(路地裏の資本主義)'는 『홋카이도 신문(北海道新聞)』에 부정기적으로 연재하던 칼럼 제목이다. 신문과 잡지에 발표했던 에세이와 칼럼을 가필·수정하고, 화폐 교환과 증여 교환에 관한 글, 주식회사와 소비사회에 대한 글을 더해 한 권의 책으로 엮었다. 이 책은 처음부터 끝까지 논리적 전개에 따라 구성한 이론서가 아니므로 어디부터 읽든 상관없다.

이 책은 지금 우리가 사는 자본주의 생산양식의 세계를 독자들이 일상적인 현실을 통해 실감하고 이해하기를 바라는 마음에서 썼다. 따라서 되도록 평범한 사실들을 바탕으로 자본주의의 '탁월성'(그런 것이 있다면 좋겠지만)뿐 아니라 모순, 가혹함, 교활함, 추잡함(비관적인 요소들만 있다!)을 드러내 보이고 싶었다. 아니, 더 정확하게 말하자면 지금 우리가 사는 이 세계가 얼마나 훌륭한지 보여주기보다 얼마나 불완전하고 가혹하고 문제가 많은지 이야기하고 싶었다.

차례

2장 _ 뒷골목 자본주의

1장.
자본주의의 환영

자본주의란 무엇인가

알 수 없는 자본주의

갑자기 변명 같은 말을 꺼내 미안하지만, 책상 앞에 앉아서 한 시간 가까이 자본주의에 대해 생각해보았다. 그런데 나는 자본주의가 무엇인지 잘 모르고 있다는 사실을 깨닫고 몹시 당황했다. 자본주의에 관한 책을 쓰려고 하면서 자본주의를 잘 모른다니 그럴 수밖에 없었다.

그런 이유로 시작부터 딱딱한 이야기를 꺼내서 미안하지만, 자본주의에 대해 우리가 과연 무엇을 모르고 있는지 조금 생각해보고 싶다. 자본주의의 정의는 연구서나 자본주의를 철저하게 연구한 마르크스의 저서를 읽으면 곧 알 수 있다.

'사유재산제도, 사기업의 생산, 시장 경쟁으로 생겨난 사회 체계'

'생산수단을 소유한 소수 자본가와 노동력이라는 생산수단밖에 없는 다수 노동자가 존재하는 생산양식'

'생산수단을 소유한 자본가가 생산수단이 없는 임금노동자를 이용해 이윤을 추구하는 사회 체계'

뭐, 이런 말들을 할 수 있을 것이다. 그러나 이런 설명을 읽고 자본주의를 이해할 수 있을까? 나나 여러분은 생산수단을 소유한 자본가인가, 아니면 생산수단이라고는 단지 몸뚱이밖에 없는 노동자인가? 시장이란 것은 또 무엇일까? 금융시장에서 교환되는 것은 무엇일까? 동네에 있는 상가가 시장이라면 금융시장과 비슷하면서도 다른 것은 무엇일까? 여기서는 과연 누가 경쟁하고, 누가 착취당하고 있는 것일까?

나는 앞의 몇 가지 정의를 읽어도 왠지 연구실에서 작성한 체계 해설서를 읽을 때처럼 자본주의를 실감할 수 있는 대상으로 이해하기 어렵다. 좀 더 간단히 말해서 우리는 지금 자본주의국가에서 살고 있고, 우리 사회 체계가 자본주의라는 설명이 좀 더 이해하기 쉽다.

열심히 일해도 먹고살기 힘들고, 회사를 경영해도 은행은 적자가 있는 영세기업에 쉽사리 대출해주지 않으며 가난한 사람은 결국 가난을 벗어나기 어렵다. 소수의 악착같은 부자들은 필사적으로 일해서 더 큰 부자가 되려고 하고, 최근에는 빈부 격차가 점점 더 심해지고 있다. 이런 상황은 누구나 실감하고 이해할 수 있을 것이다.

자본주의는 자본가에게 유리한 경제 체계지만, 가난한 사람에게는 힘겹고 야박하고 가차 없는 체계라고 말하는 편이 이해하기 쉽다. 그러나 이런 설명은 거칠고 단편적일 뿐이다. 대체 자본주의는 언제 생겨나서 우리 생활을 어디까지 지배하는지 누군가가 이해하기 쉽게 설명해주었으면 좋겠다. 그런데 '이것이 바로 자본주의다'라고 이해해도 자본주의 자체가 산업자본주의에서 법인자본주의(경제학자 오쿠무라 히로시[1]가 사용한 용어), 금융자본주의, 세계자본주의로 빠르게 변화해왔으므로 현실 생활에 쌓여온 자본주의 이미지는 시대와 사람에 따라 각기 다르고, 통일된 자본주의를 파악하기란 쉽지 않은 일이다.

미안하지만, 여기서 접근 방식을 바꿔보자. 우리는 자본주의 세계에 살면서도 왜 이전 사람들이 이런 체계를 고안했고, 무슨 이유로 이런 체계가 다른 체계보다 좋다고 생각했는지 진지하게 생각해보지 않았다. 예를

---

1) 奧村宏: 1930년 오카야마 현에서 태어난 경제학자이자 평론가다. 오카야마 대학 법문학부를 졸업하고 『산케이』 신문 기자, 일본증권경제연구소 주임 연구원으로 활동했다. 『법인자본주의의 구조』로 오사카 시립대학에서 박사학위를 받았고, 류고쿠 대학과 주오 대학에서 교수로 재직했다.

들어 주식회사가 상식인 세상에서 사는 우리는 주식회사가 없는 세계를 상상하기가 쉽지 않다. 그러나 역사를 거슬러 올라가 보면 '주식회사'라는 형태는 전 세계 어디에도 없었다는 사실을 확인할 수 있다.

이처럼 평소에 생각하지 않는 것들을 원칙적으로 하나하나 따져보면, 우리가 사는 현실 세계의 윤곽을 파악할 수 있을 것 같다. 조금 까다로울 수 있겠지만, 우리가 살아가는 현실을 이해하려면, 일단 현실 밖으로 나갈 필요가 있다. 우리가 자본주의에 대해 생각해보지 않은 것은 단지 그 체계에서 돈을 벌려고 일만 했기 때문이고, 쓸데없는 일에 신경 쓰기보다는 조금이라도 생산적인 일(자본주의적 생산)을 해야 한다고 믿었기 때문이다.

예를 들어 우리는 돈이 무엇이냐는 질문을 좀처럼 던지지 않는다. 돈에 대한 성찰이 돈을 벌게 해주지는 않기 때문이다. 그러나 돈만을 좇는 삶에서 벗어나려면, 화폐경제가 어떤 것인지 이해할 필요가 있다. 그리고 화폐경제를 이해하려면, 화폐경제가 아닌 경제, 예를 들어 증여경제까지 살펴봐야 한다. 그러지 않는다면 화폐경제가 무엇인지 이해할 수 없다.

원래 이 책에 '뒷골목 자본주의'라는 제목을 붙였던 이유도 자본주의가 아직 침투하지 못한 뒷골목을 돌아다니며 자본주의에 대해 생각해보자는 데 있었다.

자본주의의 시작

뭔가를 이해했다고 생각하지만, 실제로 그것을 이해하지 못한 경우가 종종 있는데, 자본주의가 바로 그런 대표적인 사례인 것 같다. '주의'라는 말에는 어떤 주장에 해당하는 요소가 함축돼 있다. 그렇다면 그 '주의'는 언제, 어디서, 누가 주장한 것일까? 부끄러운 말이지만, 나는 이 나이가 되도록 자본주의가 어떤 사람이 고안한 사회 체계라고 생각해왔는데, 왠지 아닌 것 같은 느낌이 든다. 아니, 깊이 있게 생각해본 적이 없다고 말하는 편이 옳을 것이다.

"그건 당연한 거 아냐? 사회주의와 공산주의에 대항하는 자유롭고 민주적인 경제체계가 자본주의잖아."

"아니야, 그 반대지. 자본주의의 모순을 해결하기 위해서 사회주의가 생긴 거야."

이처럼 자본주의가 언제 누가 주창한 이념인지는 생각만큼 분명하지 않은 것 같다.

학술적으로는 원거리 무역을 위해 주식 중개인(jobber)들이 생각한 자금 모집 방식이 기원이 됐다는 주장, 농촌이 도시화하는 과정에서 대규모 생산양식이 생겨나 자본가와 노동자의 계급분화가 일어난 것이 그 기원이라는 주장, 막스 베버가 해석한 것처럼 청교도들의 금욕적 노동 의욕과 생활 합리화를 향한 노력이 자본주의를 발전시켰다는 주장이 있다. 그리 오래된 일도 아닌데 여러 가지 설명이 있다는 것은 실제 자본주의 생산양식은 특정한 개인이 고안한 것이 아니라 역사의 발전 단계에서 다양한 요소가 중첩돼 생겨난 사회·경제 체계라는 사실을 암시한다.

반면에 '사회주의란 무엇인가'라는 질문에는 곧바로 대답할 수 있다. 선행한 자본주의적 생산양식, 사회 체계의 근본 문제를 분석 비판하고 새로운 사회상을 구상한 인물과 장소, 연대를 명확히 제시할 수 있기 때문이다. 칼 마르크스는 1849년부터 죽음을 맞이한 1883년까지 30여 년간 망명지였던 영국의 대영박물관에 드나들었다. 매일 아침 10시부터 폐관 시간인 오후 6시까지 그곳에서 경제에 관한 논문과 자료와 씨름했다. 그러면서 당시 사회에 만연했던 빈곤과 사회적 격차 등 모순을 근본적으로 이해하기 위해 생산수단을 소유한 집단과 그러지 못한 집단의 비대칭 관계에서 비롯하는 자본의 비밀을 해명하는 데 몰두했다.

그 연구는 고스란히 『자본론』으로 결실을 보았다. 『자본론』 제1권 서문에는 마르크스가 이 작업을 통해 무엇을 해명했는지 다음과 같이 기록돼 있다.

"자본제 생산의 자연법칙에서 발생하는 사회적 대립에는 높은 발전 단계에 도달한 것도 있고, 낮은 단계에 머물러 있는 것도 있다. 이 책에서 문제 삼는 것은 그 발전 단계의 정도가 아니라 법칙이다. 즉, 필연적으로 관철해가는 그 경향 자체다."

마르크스는 '자본제 생산의 자연법칙'이라고 명확하게 쓰고 있다. 이것이 핵심이다. 자본주의 생산이 왜 생겨났는지, 무엇이 나쁜지, 무엇이 잘못됐는지를 분석하려고 했던 것이 아니다. 어떤 사회 체계도 자연법칙이 그 중심에 관철되고 있으며, 자본제 생산 체계를 분석하면 거기서 자연법칙을 도출할 수 있다고 보았던 것이다. 그리고 자본제 생산의 발전 단계가 높았던 영국의 생산양식과 그것이 형성한 사회·경제 체계에서 본질적 모순을 발견하고, 그 모순이 자연법칙을 따라 확대 재생산돼 결국 생산양식 자체를 붕괴시킨다고 예언했다.

그 전에 푸리에, 생시몽, 오웬 등 프랑스와 영국 부유층에 속했던 인물들은 사회의 제반 모순을 해결하기 위해 대안적인 세계(이상 사회)를 제시하기도 했다. 그러나 이들은 마르크스가 했던 것처럼 자본제 생산양식 자체가 자멸하리라는 전망을 제시하지는 않았다. 마르크스의 친구였던 엥겔스는 이들이 생각했던 이상 사회를 현실이 될 수 없는 그림처럼 바라보았고, 이들의 주장을 '공상적 사회주의'라고 비판했다. 그는 생시몽과 오웬이 자본주의 세계의 모순을 분석하고 대안적인 제도를 고안했지만, 거기에는 과학적 근거가 없는 인위적인 공상만이 있을 뿐이라고 했다.

마르크스는 사회 체계를 과학적으로 분석할 수 있으며, 이를 통해 역사적 필연성을 포착할 수 있다고 믿었다. 그리고 자본제 생산양식은 역사의 필연에 의한 내부 모순이 확대돼 결국 스스로 붕괴하리라고 예견했다. 또한, 사상은 단지 세계를 이해하기 위한 것이 아니라 세계를 자연법칙에 따라 구성하기 위해 어떻게 변화시킬지 모색하는 실천적 과제를 안고 있다고 믿었기에 "만국의 노동자여 단결하라."고 호소했다.

실제로 혁명은 마르크스가 예견했던 것과 달리 자본주의 생산 체계가 발전한 프랑스와 영국이 아니라 발전이 늦었던 농업국가 러시아와 중국에서 일어났다. 그러나 마르크스는 예언자가 아니었기에 맞았다 틀렸다는 이야기는 별로 의미가 없다. 마르크스의 공적은 사회 체계가 자연법칙과 무관하지 않으며 인간이 만든 체계는 자연법칙을 따라 안에서부터 무너질 수 있음을 선명하게 보여줬다는 점에 있다. 나는 실제로 마르크스의 연구 덕분에 자본주의의 필연적인 모순을 논리적으로 성찰할 수 있게 됐다는 점을 특히 강조하고 싶다.

마르크스 시대 자본주의 체계나 러시아 사회주의, 중국 공산당이 세운 체계, '초자본주의'라고 부를 만한 오늘날 세계 자본주의 등 다양한 사회 체계에는 모순이 존재한다. 모순 없는 완전한 사회는 없다. 공상적 사회주의가 비판받는 이유도 완벽한 이상 사회가 존재한다고 생각해서이며 이들이 꿈꾸던 이상 사회가 실현된다고 해도 현실적으로 그것은 이상적인 사회가 되지 못할 것이다. 사회 체계는 인간이 만든 것이어서 단지 더 나은 제도가 있을 뿐이다. 즉, 어떤 사회 체계에도 불합리와 모순이 있다.

'논리적 변화'라는 것은 원칙적인 사고와 현실적인 사고가 상호작용하면서 인식의 확장이 생기는 현상을 가리킨다. 상품이란 무엇인가, 가치란 무엇인가, 가치의 형태는 어떻게 전환되는가, 화폐란 무엇이며 노동의 의미는 무엇인가 등 다양한 문제를 깊이 있게 연구한 학자는 많았지만, 이런 문제들의 전체적인 관계를 통합적으로 연구하고 이해하려고 했던 경제학자는 마르크스 이전에 존재하지 않았다. 원칙적인 면에서 마르크스의 사고는 정확했다. 그러나 현실은 마르크스의 사고와 부합하지 않는 방향으로 변화했다. 이는 마르크스 같이 투철한 사회 분석가도 포착하지 못한 것들이 인간 사회에 있다는 사실을 증명하는 사례이기도 하다.

마르크스의 예견과 달리 자본주의는 그 형태가 변할지언정 생명력은 유지되고 있다. 오늘날 자본주의는 더 첨예화한 '세계 자본주의'라는 형태로 전 세계에 전파됐다. 우선, 여기서 지적할 점은 사회주의가 자본주의를 비판하는 과정에서 등장했지만, 자본주의는 기존의 생산양식과 사회 체계에 대항하기 위해 누군가가 기존 체계를 분석 비판하고 새로운 대안으로 제시한 이념이 아니라는 사실이다. 다시 말해 자본주의는 인간 사회의 자발적인 발전의 한 양상이며, 그런 자발적인 발전을 가능하게 하는 체계다.

자본주의의 핵심

'만약 마음이 전부라면, 사랑하는 돈은 무엇이 될까?'라는 말이 있다. 함축성이 있어 개인적으로는 좋아하는 말이지만, 누가 한 말인지는 기억나지 않는다. 누군가 이것이 프랭크 시나트라가 부른 노래의 가사라고 했던 것 같은데, 어떤 노래인지는 알려주지 않았다. 미국 자연주의 작가 앨그렌이 남긴 말이라는 설도 있지만, 어쨌든 이 말은 재미있는 뉘앙스가 있어서 풍자적인 유행가 가사 같은 인상을 풍긴다. 돈에 초연한 척하고 마음이 전부라고 허풍을 떠는 위선적인 태도를 비꼬는 듯한 뉘앙스가 느껴져 재미있다.

그러나 우리 삶의 현실을 생각하면, 이 말은 '만약 돈이 전부라면, 사랑하는 마음은 무엇이 될까?'로 바꿔야 할 것 같다. 언제부터인가 세상에는 그 정도로 배금주의 가치관이 만연하다. 요즘 '마음이 전부'라고 말하는 사람은 아무도 없을 것이다.

실제로 요즘처럼 황금만능의 신앙이 지배한 적도 없던 것 같다. 자본주의는 산업혁명을 거치면서 생산력이 대폭 향상됐고, 그 연장선상에 있는 현재는 상품이 차고 넘치고 있다. 세상은 상품의 마수에 빠졌고, 생활의 풍요는 사들인 상품의 풍요와 동일시돼버렸다. 행복의 구체적인 이미지는 크고 쾌적한 집에 살면서 녹색 잔디 정원을 즐기고, 실내를 최고급 가구로 꾸미며, 최신형 자동차로 드라이브하거나 근사한 레스토랑에서 고급 요리를 먹는 생활이 됐다.

나를 포함해서 누가 이런 행복의 이미지를 부정할 수 있을까? 게다가 이 모든 것은 돈과 교환할 수 있다. 물론 과장된 측면이 있을 것이다. 하지만 과장이라고 말하기 어려운 상황 또한 분명히 존재한다. 현대를 특징짓는 소비 자본주의가 지배하는 사회에서는 무엇이든 돈과 교환할 수 있다고 해도 과언이 아니다. 게다가 모든 것과 교환할 수 있는 '돈'이라는 상품의 만능성은 신앙이 돼버렸다.

마르크스는 『자본론』을 상품 분석에서 시작했다. 상품은 가치의 형태로 유통되고 그 최종적인 완성태가 바로 화폐라고 했다. 상품을 왜 가치라고 했을까? 그 이유 중 하나로 마르크스는 상품이 '인간의 노동시간이 응고된 것'이라고 했다. 그러나 만약 인간의 노동시간만이 상품의 가치를 결정하는 요소였다면, 상품 세계는 지금처럼 기괴하고 복잡하지 않았을 것이다. 인간은 원래 평등하고 노동시간이 가치로 상품에 응고된다면, 엄청나게 비싼 상품도 없을 것이고 상품이라는 것이 유통되지도 않을 것이다. 그리고 만약 노동시간이 균일한 대가로 교환된다면, 열심히 노동한 사람은 누구나 부자가 될 것이며, '일하지 않는 자는 먹지도 말라'는 말이 당연시될 것이다. 그러나 현실은 그렇지 않다.

부자는 무슨 영문인지 몰라도 전혀 일하지 않는 것 같은데 부자다. 미국에서는 일반 직원과 사장의 급여 차이가 500배나 된다. 사장들은 보통 사람의 500배를 일하지도 않고, 그럴 수도 없다. 이런 불가해한 현상의 원인을 살핀 인물이 마르크스였다. 마르크스는 자본가가 자본을 증식할 수 있는 것을 노동자들이 생산 현장에서 창출한 성과를 착취했기 때문이라고 보았다. 그러나 현대의 착취 구조는 마르크스 시대와 비교하면 엄청나게 교묘하고 복잡해졌다. 자본가는 채권시장에 이윤을 재투자해서 거대한 자본을 축적하고, 그 규모는 GDP를 상회하는 수준에 이르렀다.

'20미터의 아마포 = 1개의 저고리'에 대한 고찰

이 유명한 등식을 둘러싸고 전개된 가치형태론을 읽어보면, 왠지 미로를 헤매는 듯한 기분이 든다. 등호는 좌변과 우변이 같다는 것을 뜻한다. 이 등식은 '20미터의 아마포 = 20미터의 아마포', '1개의 저고리 = 1개의 저고리'라는 무의미한 두 가지 등식이 병치된 것이나 다름없다. 이 등식의 의미는 20미터의 아마포와 1개의 저고리가 동일한 어떤 것을 다르게 표상한 것이 아니라 표상 이면에 있는 동일한 대상이 드러난다는 것이다. 등호로 연결된 것은 표상을 제거했을 때 드러나는 동일한 어떤 것에 해당한다.

그렇다면 여기서 말하는 동일한 대상은 무엇일까? 그것은 가치이며 이 가치를 생산하는 것은 인간의 노동시간이라는 것이 마르크스의 해석이다. 그러나 실제로 이 등호가 표현하는 것은 가치가 아니다. 그것은 단지 가격일 뿐이다. 가치와 가격의 차이가 어떻게 발생했는지에 대해서는 복잡한 논의가 필요한데, 이 문제는 나중에 정리하기로 하자. 여기서는 마르크스가 생각했던 맥락에서 상품들의 가치는 표면적인 형태를 벗어버리면 본질적으로 같다는 사고에 대해 논의하자.

마르크스는 상품에 인간의 노동이 응고돼 있으며, 이것이 바로 상품의 가치라고 했다. 그러나 만약 인간의 노동시간만이 가치의 근거가 된다면『자본론』의 가치형태론은 그토록 난해하지 않을 것이다. 가치형태론이 난해한 한 가지 이유는 마르크스가 20미터의 아마포와 1개의 저고리에 가치가 내재됐다고 생각했다는 사실에 있다. 유물론자인 마르크스가 상품에 가치가 내재됐다고 생각할 이유가 없다는 지적이 있다. 그러나 나는 마르크스가 상품에 가치가 내재돼 있다고 여겼으리라 본다.

마르크스는 상품들의 가치 관계를 관찰했다. 그리고 이 등식의 좌변에 있는 아마포는 저고리의 가치를 드러내는 능동적 역할(자기 가치를 저고리로 표현한다)을 하며, 저고리는 수동적 역할(아마포의 등가물)을 하는 것처럼 상대적 가치 형태와 등가 교환에 대한 설명으로 논의를 전개한다. 즉, 상품들의 역할 관계가 복잡한 가치 체계의 근본이 된다고 생각했던 것이다.

화폐는 노동이 투입되지 않은 상품

가치는 다양한 상품에 내재하는 것이 아니라 다양한 상품을 욕망하는 인간의 정신에서 형성되며, 욕망하는 정도의 다른 이름이라고 생각하는 편이 이야기를 더 명료하게 진척시킬 수 있을 것이다. 가치가 상품에 내재한다고 본 마르크스는 그 실체를 인간의 노동이 응고된 것으로 결론지었다. 가치의 최종 형태는 화폐다. 어떤 사용가치도 없는 지폐가 어떻게 가치를 담보하게 됐는가를 설명하는 단계에서 마르크스는 자신의 노동가치설을 잊어버린 듯하다.

모든 상품의 가치는 이중적이지만, 화폐에는 사용가치가 없다. 사용가치 측면에서 화폐는 단지 종잇조각일 뿐이다. 화폐는 오로지 교환가치를 담보하며 인쇄소를 거쳐 시장에 나온 종잇조각일 뿐이다. 즉, 노동을 매개하지 않은 상품이다. 화폐에는 어떤 노동도 실체적으로 응고돼 있지 않다. 단지 노동 가치를 증명하는 기능을 할 뿐이다. 내가 좋아하는 방식으로 표현하면 노동(신체성)이 투입되지 않은 상품이 바로 화폐이며, 바로 이런 점이 화폐의 매력이자 인간을 유혹하는 주술성의 원천인 듯하다.

'화폐'라는 상품의 순수성, 즉 사용가치가 없다는 특징이야말로 인간이 화폐를 동경하게 하는 원동력이 아닐까? 사용가치 자체인 인간(순수한 사용가치)이 생산한 상품이 사용가치가 없는 상품(순수한 교환가치)인 돈과 교환되는 것은 일종의 마술이며 이런 특징이야말로 인간이 돈을 신앙의 대상으로 삼는 계기다.

화폐 신앙과 자연의 겸손

겸손을 상실한 인간

돈은 신체성이 없는 상품이다. 그렇다면 신체성이란 무엇일까? 나는 그것을 '한계'라고 생각한다. 화폐는 처음부터 신체성의 '한계'가 없었다. 마치 공기처럼 이 세상 어디에나 출현할 수 있다. 그러나 인간의 신체는 그렇지 않다. 인간의 진보, 자연과학의 진보는 그 신체성의 한계를 어떻게 뛰어넘느냐는 문제와 밀접한 관련이 있다. 자동차와 비행기의 발명은 인간 신체의 능력이자 한계인 보행 이동의 한계를 가볍게 뛰어넘게 했다. 이런 고속 이동수단의 발명은 인간이 시간의 속박을 벗어나겠다는 꿈에서 탄생했다. 또한, 지구 반대편에 있는 사람과 실시간 소통할 수 있게 해주는 통신수단과 인터넷의 발명은 앞서 말한 것처럼 공간과 시간에 속박된 인간이 시간을 단축할 수 있게 해준 셈이다.

인간을 제외하고 지구상 모든 생물은 한정된 영역에서 살아가지만, 그 한계를 의식하지도 벗어나지도 못한다. 인간도 원래 그 신체적 한계를 의식하지 못했다. 특히 18세기 산업혁명 이전에는 신체성에 대한 자각이 별로 없었다. 산업혁명의 결과 중 하나는 문명의 발전이지만, 또 다른 측면에서 보자면 인간이 자신의 신체적 한계를 넘어선 전능한 존재가 됐다는 자만일 것이다. 겸손을 상실한 인간은 세계 안에서 살아가는 자신의 위치를 벗어나 세계를 지배하고 이용하는 위치에 자신을 올려놓았다. 이처럼 신체성의 한계는 인간을 겸손에서 멀어지게 했고, 겸손을 상실한 인간은 자연의 질서가 형성한 공존의 질서와 환경의 지속 가능성을 파괴하기에 이르렀다.

겸손은 인간이 제멋대로 행동하지 못하게 하던 방어 장치였다. 원래 인간의 신체는 폭주할 수 없도록 구성돼 있다. 화폐는 애초부터 이런 신체성의 한계가 없기에 순식간에 이곳저곳으로 옮겨 다니는 경쾌함을 갖출 수 있었던 것이 아닐까?

만능성 덕분에 폭주하는 화폐

이런 화폐의 경쾌함, 다시 말해 경박함이야말로 화폐의 최대의 장점이자 위험이기도 하다. 화폐에는 폭주를 막을 수 있는 신체성이 없어서 언제라도 간단히 증식하면서 폭주를 시작한다. 화폐는 처음부터 이런 만능성을 부여받고 시장에 등장했다. 과학기술이 인간의 만능성에 대한 꿈을 실현하고자 발전했던 것처럼, 화폐도 처음부터 만능성을 부여받고 등장했다. 양자 모두 만능성에 대한 인간의 꿈을 실현했다는 점에서 동일하다. 그러나 과학기술로 무장한 인간이 언제 어디서나 만능할 수 없는 것처럼 화폐 또한 만능성을 제한 없이 확장할 수 없다.

인간에게도 화폐에도 일정한 구조가 있고, 그 만능성을 무한히 지속할 수는 없다. 과학기술의 만능성과 화폐의 만능성을 단번에 무력화하는 것이 바로 시간이다. 과학기술과 화폐의 만능성에 그 의미를 부여하는 것도 시간이며 그 의미를 박탈하는 것도 시간이다. 자동차도 비행기도 인터넷도 전화도 인간의 다양한 활동에 소요되는 시간을 단축했으나 인간이라는 존재가 수십 년밖에 못 산다는 사실을 바꿀 수는 없다. 문명의 어떤 이기도 임종을 맞은 인간에게 만능성을 부여할 수 없다. 또한, 인간의 오만이 자연환경을 파괴한 뒤에 인간 자체를 구성하는 물이나 공기나 에너지 자원을 스스로 생산할 수 없다. 인간의 만능성은 지구 자원이 무한하다는 전제에서만 보장될 수 있다.

　화폐는 더욱 취약하다. 각국의 중앙은행은 경우에 따라 화폐를 무제한으로 발행하고 유통할 수 있지만, 이런 사태가 벌어지면 화폐는 그 존재 이유를 상실하고 단순한 종잇조각이 되고 만다. 원래 금괴를 맡겼다는 증서가 발전해 화폐로 됐다는 설이 있다. 이 경우에 증서는 언제라도 금괴와 태환할 수 있는 신용을 부여받았다는 증거에 불과하며 바로 이런 기능 덕분에 화폐의 기원이 됐다. 하지만 금괴를 맡은 은행은 금괴와 태환할 수 없는 증서도 얼마든지 인쇄하고 판매할 수 있다. 그렇게 증서를 남발하면 금괴와 태환할 수 있다는 신용이 추락해 그 증서는 종잇조각이 되고 만다.

　화폐의 만능성을 담보하는 것은 화폐에 대한 신용뿐이다. 다시 말해 화폐가 화폐로서 기능하려면 화폐를 사용하는 인간이 화폐로 이 세상 모든 상품을 교환할 수 있다는 화폐의 만능성에 대한 신앙이 전제돼야 한다. 자본주의는 이런 신앙 위에서 성립하는 사회·경제 체계다. 자본주의 발전과 더불어 화폐 신앙이 확산하는 현상은 필연적이다.

　문명사회에서 멀리 떨어진 부족사회에서는 자본주의가 별로 의미가 없다. 화폐는 원래 '교환시장'이라는 공간에서만 만능성을 발휘할 수 있지만, 화폐에 대한 신앙은 현물이 오가는 교환시장의 본질을 변질시켜 신체성이 없는 화폐시장(금융시장)을 만들어냈다. 그렇게 금융 자본주의가 등장한 것이다. 여기서 교환되는 것은 '화폐'라는 상품뿐으로, 이것은 노동의 결과로 생산된 실물로서의 상품이 아니다. 단지 화폐에 대한 신앙만이 교환의 기준이 되고 있다.

　이렇게 노동을 매개하지 않은 상품시장은 '금융시장'이라는, 자본주의의 더 순화된 형태로 확장됐고, 우리는 자연에 대한 겸손(이것은 '신체'라는 한계가 전해준 교훈이다)을 망각하고 이제 자본주의 핵심의 최종 단계에 도달한 것으로 보인다.

내부에 침투한 보이지 않는 세계

누구도 말하지 않는 속임수 도박

'리먼 쇼크'라는 그림자 금융(shadow banking) 체계의 신용 붕괴가 일어난 시점은 2008년으로 그리 오래되지 않았다. 그런데도 그 사태의 본질이 무엇이고 어떻게 그런 일이 일어났는지를 사람들은 벌써 잊고 있다. 위키피디아에는 이런 해설이 게재돼 있다.

"2007년 서브프라임론[2] 위기에서 비롯된 미국의 버블 붕괴[3]로 여러 분야의 자산 가치가 폭락했다. 리먼 브러더스도 예외 없이 막대한 손실을 보았고, 2008년 9월 15일(월요일)에 리먼 브러더스는 연방파산법 제11장의 적용을 연방재판소에 신청했다. 이 조처로 리먼 브러더스가 발행한 회사채와 투자신탁채권을 보유했던 기업과 거래처는 큰 타격을 받았다. 이 사건이 연쇄적으로 일으킨 문제들에 대한 일반의 공포와 의회·정부의 늑장 대응 탓에 미국 경제에 대한 불안이 널리 퍼졌고, 전 세계적인 금융위기가 초래됐다. 니케이 평균 주가도 대폭락했고 9월 12일(금요일)의 종

2) subprime mortgage loan: 비우량주택담보대출.
3) 서브프라임론 채권을 자본으로 간주한 차입금을 전매하면서 다중 채무가 발생한 상태.

가는 12,214엔이었으며 10월 28일에는 한때 6,000엔대(6994.90엔)까지 하락했다. 이는 1982년 10월 이래 26년 만의 최저가였다."

모든 사람이 제공한 정보로 사전을 만드는 프로젝트인 위키피디아는 인터넷의 특징을 잘 살린 편리한 도구지만, 어딘가 '화폐적'이다. 리먼 쇼크에 대한 설명을 봐도 이런 사건이 발생했다는 사실은 알 수 있으나, 왜 이런 일이 일어났는지, 이런 사태 이후에 사람들이 어떤 점을 어떻게 반성했는지는 알 수 없다. 따라서 이해한 것과 여전히 모르는 것을 조금 정리해 둘 필요가 있다.

예를 들어 '머리 좋은 사람들'이 '서브프라임론'이라는 새로운 대출 상품을 만들어 미국의 많은 사람이 돈도 없고 갚을 능력도 없으면서 서브프라임론으로 집을 샀다는 것, 그리고 그들이 빌린 돈에 대한 채권이 금융상품이 돼 금융시장에서 융통됐다는 것, '리먼 브러더스'라는 메이저 증권회사가 도산했다는 것, 미국 증권시장의 주가가 폭락하고 그 여파가 전 세계에 퍼졌다는 것, 뭐, 이 정도가 아닐까?

그러나 주가가 떨어졌다고 해도 그것이 대체 국민 생활에 어떤 의미가 있는지, 금융기관이 잘못해서 큰 손해를 본 것이 왜 국민 전체를 불행에 빠트렸는지, 이런 상황에서 누가 엄청난 손해를 보았는지, 그런 사람들은 왜 그런 상품에 손을 댔는지, 이런 의문에 대한 설명이 그리 명확하지 않은 것 같다. 물론 금융권의 거대 증권회사가 도산하고, 그에 따라 환율이 변동하고, 실물경제에도 큰 영향을 끼친 상황을 이해할 수는 있지만, 문제는 이런 일련의 사태가 아무 잘못 없는 다수에게 피해를 줬다는 사실이다.

그런데 그보다 더 중요한 사실은 이런 사태가 주식이나 상장과 관계없이 하루하루 적은 돈으로 생활하는 사람들의 가치관을 왜곡하고, 그런 사람들이 모여서 이루는 지역경제와 지역경제가 모여서 이루는 국민경제를 파탄으로 몰아갔다는 점이다. 돈을 둘러싸고 불법 도박 같은 짓을 하는 무리가 세계 경제를 좀먹고 있지는 않은지 걱정스럽다. 이렇게 말하면 의아해할 수도 있겠지만, 이런 도박이 일어나는 곳이 은행이고 그곳을 드나드는 사람들이 비싼 양복을 걸친 대기업 중역과 사장이라고 한다면 이런 상황을 어떻게 이해해야 할까?

비합법적인 도박장이 성업 중이라면, 도박의 주최자뿐 아니라 출입한 사람도 책임을 져야 한다는 것은 너무도 명백한 사실이다. 증권사 중역이나 은행가가 피해자로 행세하고, 국가가 국고를 털어 이들을 구제하는 것은 일종의 도착이다. 오늘날 세상의 이런 광기를 어떻게 이해하면 좋을까?

시장 원칙은 상품이 아닌 것도 상품화했다

도박을 사업에 비유한다면 금융 사업이 도박인지 사업인지 확실히 해둘 필요가 있다. 내 생각에 금융 사업은 도박에 가깝다(나는 도박을 부정하지 않는다. 단지 도박과 사업을 혼동하고 싶지 않을 뿐이다). 도박과 사업의 차이는 무엇일까? 해답을 찾기 위해서는 '상품'에 대해 한 번 더 생각해볼 필요가 있다.

'상품'이라는 말을 강조한 것은 서브프라임 채권 같은 것을 진정한 '상품'으로 간주할 수 있느냐는 의문 때문이다. 이것은 분명히 시장에서 유통되는 상품이다. 많은 사람이 시장에서 유통되는 것을 상품으로 믿고 있지만, 실제로 시장에서 유통되는 것은 상품만이 아닌 것 같다. 실제로 상품만이 유통되는 곳이 상품시장이지만, 우리는 언젠가부터 시장에서 유통되는 모든 것을 상품으로 간주하게 됐다. 원래 상품은 노동의 결과로 생긴 가치를 담보한 것이다. 그 가치는 우리가 살아가는 데 필요한 편의와 쾌락을 제공하고 실체가 있으며 가시적이다.

서브프라임론은 돈 없이도 집을 살 수 있는 마법 같은 형태의 금융 거래다. 그러나 이때 발생한 채권을 '상품'이라고 불러도 좋을까? 돈은 상품과 교환하기 위해 발명됐고, 가치를 약속한 기호에 지나지 않는다. 회사는 상품을 만들고 그것을 돈과 교환해서 자본을 축적하는 조직이다. 돈도 회사도 원래는 상품이 아니었던 것이다. 그런데 언젠가부터 이런 것들도 사고팔 수 있는 '상품'이 됐다. 이런 변화가 생긴 것은 '상품이 교환되는 영역이 바로 시장'이라는 사고가 전도돼 시장에서 교환되는 것을 모두 상품으로 여기는 사람들이 나타났기 때문이다.

리먼 쇼크의 진짜 문제는 시장에 '서브프라임 채권'이라는 괴상한 상품이 등장한 것이 아니다. 이 '사건'이 의미하는 것은 '상품 자본주의'라는 체계의 위기며, 우리 삶이 그처럼 취약한 체계에서 이루어지고 있다는 사실에 대한 경고다. 그런데 금융 자본주의 문제는 그런 메커니즘에 익숙한 금융 자본주의적 인간에게는 보이지 않을 것이다. 다시 말해 금융 기술을 구사하고, 경제 성장을 달성하려는 정부 담당자, 경제학자, 은행가도 '금융 자본주의'라는 병에 걸린 환자라는 것이다.

차라리 역행이 낫지 않을까

화폐의 발명이 인간의 행동을 극적으로 변화시켰다

화폐의 기원을 이야기할 때 '화폐는 상품이 변화한 것'이라는 상품설
과 '공동체와 국가가 제도로 정한 것'이라는 법제설이 있지만, 아직 어느
쪽으로도 결론이 나지 않았다. 그러나 결론이 중요한 것은 아니다. 화폐는
이미 전 세계에서 유통되고 있으며 그 기원은 인간의 역사와 같다고 해도
좋을 만큼 오래됐기 때문이다. 확실히 해두고 싶은 것은 화폐의 발명이 인
간의 행동을 극적으로 변화시켰다는 사실이다. 얼마나 변화시켰는지는 생
각해볼 만하다.

달라진 것은 인간의 행동양식뿐 아니라 사고와 그 산물인 문화·사회
체계에도 지각변동이라고 할 만큼 큰 변화가 생겼다. 화폐가 생기면서 인
간 사회는 증여적·호혜적 공동체와 상품경제 체계가 융합된 교환 체계 위
에 구축됐다. 현대 사회에도 부모자식 관계와 공동체 내부의 증여적·호혜
적 가치관이 아직 남아 있다.

'돈은 문제가 아냐. 기분이 중요하지.'

'됐어, 내가 낼게.'

'마음만 받을게.'

이런 말의 근저에는 증여적·호혜적인 가치관이 내재해 있다. 인간의
역사는 이런 증여적·호혜적인 교환 체계를 점점 축소하고, 상품경제 체계
와 계약에 따른 등가 교환을 확대하는 방향으로 흘러왔다. 딱딱한 이야기
가 돼버렸지만, 내가 말하고 싶은 것은 교환 체계와 인간관은 시대와 더불
어 변화하지만, 그것을 반드시 진보라고 말할 수는 없다는 것이다. 그것은

'자연 과정'이고 문명의 진전에 필연적인 변천 과정이라는 것 이상의 의미는 없다. 따라서 이런 변화는 진보도 퇴화도 아니다. 인간에게 위협적이었던 자연과의 관계를 풀어가기 위한 공동체적 생존 체계에서 자연을 통제하고 개인이 공동체를 벗어나도 생존할 수 있는 체계로 이행했음을 의미할 뿐이다.

인간의 생활이 생산 과잉을 따라잡지 못했다

어느 날 해부학자 요로 다케시를 라디오 방송국에서 만났을 때 상당히 흥미로운 이야기를 들었던 기억이 있다.

"문명은 질서이고, 질서는 변하지 않는 것을 만들어냅니다. 문명이 형성될 때 자연과의 관계를 설정하는 데에는 변화 자체인 자연을 통제하는 방법과 인간 사회 자체를 통제하는 방법이 있습니다."

생각해보면 근대국가에 속한 인간은 자연을 통제하는 방법을 선택한 것이며, 이런 계획을 추진하기 위해서 인간이 자연을 변화시키는 행위를 '진보'라고 규정할 필요가 있었다. 진보나 성장 같은 덕목이 인간이 추구해야 할 가치라는 것이다. 의복도 자동차도 에어컨도 모두 자연을 통제하는 기능에서 생겨난 것이다. 그렇게 인간은 상품을 대량으로 생산하기에 이르렀다. 현재 선진국에 만연한 불황은 상품경제의 자립적인 운동의 결과로서 인간의 생활이 생산 과잉을 따라잡지 못하고 있음을 보여준다. 상품을 생산한다는 것은 같은 양의 쓰레기를 생산한다는 것이기도 하다. 대량 생산, 대량 폐기 시대는 우리가 원했던 것이나 다름없다. 그러나 이런 모순은 결국 파국을 맞을 것이다.

자연을 통제한다는 것은 자연을 파괴한다는 것이나 마찬가지다. 이미 자연 파괴는 인간이 통제하기 어려운 지경에 이르러 인간의 생존 자체가 위협받고 있지만, 우리는 이런 사실을 간과하고 있다. 쓰레기 문제와 원자력 발전소 사고는 자연의 유한성을 자각하라는 경고다. 이제 인간의 영역을 자연에 맞춰 통제하는 노력에 대해 진지하게 생각해볼 필요가 있다. 이것이 경제 발전에 역행하는 태도라고 해도, 차라리 역행이 낫지 않을까?

2장.
뒷골목 자본주의

대출이 일상화된 자본주의

플레이 나우 페이 레이터(Play Now, Pay Later)의 세계

'아베노믹스'라는 말이 자주 들린다. 이는 국채를 발행해서 통화량을 늘리고 공공사업(정부 지출)을 벌여 물가가 2% 오를 때까지 금융완화책을 지속적으로 펼쳐서 경제를 성장궤도에 올려놓겠다는 정책인 듯하다. 그런데 구체적으로 아무것도 하지 않았는데도 주가가 오르고 엔저(円低) 현상이 일어났다. 이것이 어나운스 효과[4]인지, 아니면 유로 위기 탈출과 세계 경제의 변화에 따른 것인지는 경제학 전문가가 아닌 나로서는 진실을 알 수 없다(경제학자들 의견도 제각각이다). 현재의 주가 강세와 엔저 현상은 몇 가지 요인이 복잡하게 얽혀 일어난 듯하다.

어쨌든 아베노믹스는 국채를 늘리고 있기 때문에 재정적자가 커지고 있다. 이런 상황은 선뜻 이해하기 어렵다. 민주당이 집권했을 때 언론이 앞다투어 거액의 재정적자가 일본을 파멸시킬 것처럼 떠들어댔던 일을 기억하기 때문이다. 당시 사업 구성과 공공사업을 재검토하자던 목소리는 어디로 갔을까? 자민당이 집권하자 소비세가 3% 인상됐고, 추가로 2% 더 인상됐지만, 이런 방법이 재정적자를 해소했을까? 전혀 그렇지 않다.

오히려 예산을 증액했고 법인세를 인하했으며 재정적자 해소에 나설 기미는 보이지 않는다. 단지 경기를 부양하고, 경제를 성장궤도에 올려놓겠다는 것이 아베 신조 총리의 의도일 뿐이다. 요즘 지하철 광고를 보면 작은 버블 현상이 시작되고 사업 기회가 찾아오기라도 한 것처럼 들뜬 분위

---

4) announce effect: 계획을 공개적으로 언명하여 실현하지 않을 수 없게 되는 현상.

기가 느껴진다. 아베 총리와 아소 재무장관이나 경제단체연합회 대표가 말하는 것처럼 아베노믹스가 경기부양의 묘책인지, 아니면 몇몇 경제학자가 지적하듯이 큰 위험을 안고 있을 뿐 경기부양 효과는 별로 없는 대책인지 명확하게 판단할 수 있는 자료가 내게는 없다.

하지만 영세기업 경영자이자 시민으로서 내가 실감하는 사실이 있다. 물가가 오르고 임금이 오르지 않으면 생활이 힘들어진다는 단순한 사실이다. 경기가 좋아지려면 기업이 고용을 확대하고 임금이 올라야 하지만, 경기가 임금에 반영되기까지는 시간이 걸린다. 임금의 명확한 상승을 실감하기까지는 아직 시기상조라고 할 수 있다. 그러나 사람들은 임금 상승을 실감하기 전에는 물건을 사려고 지갑을 열지 않을 것이다.

그리스의 재정이 거의 파산 상태이고 스페인과 이탈리아도 위험하다는 언론 보도가 있었고, 그 전에는 전 세계 주가가 동시에 하락해서 소란스러웠다. 당시 나는 '그래서 어쨌다는 거냐?' 하는 기분이 들었다. 나는 40년간 기업을 경영하면서 경제 활동의 근간은 어디까지나 실물경제이며 실물경제는 완만하게 움직인다는 사실을 뼈저리게 깨달았다. 투기자본이 제시하는 거품 같은 지표와 유혹적인 전망에 놀아날 필요가 없다는 것을 분명히 알게 된 것이다. 그래도 증권회사 직원이나 선물을 취급하는 영업자한테서 전화가 걸려오곤 한다.

"나는 주식 같은 거 하지 않아요. 내일 세 배로 올라도 주식은 사지 않을 겁니다. 주식으로 돈을 벌 수 있다고 생각하지도 않고, 그럴 재주도 없어요. 그리고 오른다 내린다 하면서 시도 때도 없이 주가를 확인하는 짓도 성가셔서 할 수 없습니다."

"돈 벌 기회를 빤히 보시면서도 그냥 날리시려는 겁니까?"

사지 않으면 손해 본다는 생각이 들게 하는 것이 금융상품을 파는 기술이다. 싼 것이 있어도 안 사면 그만인데, 사지 않으면 왠지 손해 봤다는 기분이 든다. 증시에서 주가가 오르는데도 주식을 사지 않고 돈을 정기예금에 넣어두고 있으면 돈 벌 기회를 코앞에서 날리고 있다는 생각이 든다. 하지만 나는 돈을 모든 것의 기준으로 삼지도 않고, 돈만을 염두에 두고 살지도 않기 때문에 금융상품 영업자가 "돈을 벌 수 있는데, 왜 투자하지 않으시죠?"라고 물으면, "저는 됐습니다. 그렇게 확실하다면 당신이나 투자하지 그러세요?"라고 대답하곤 한다. 금융에 관해서는 차라리 "내 원칙은 인간 생활의 기본과 생산 현장에서 동떨어진 세계에서 돈 버는 사람들은 존경하지 않는 것"이라고 했던 어느 칼럼니스트의 정직성에 내 돈을 투자해도 좋다고 생각한다.

언젠가부터 '플레이 나우 페이 레이터'라는 말이 유행이다. 이 말은 전형적으로 유희적 인간의 자포자기적인 발상을 보여준다. 그날 번 돈은 그날 써버린다는, 예전의 에도 토박이 정서가 서린 이 말에서는 '인간은 즐기기 위해 태어났다'는 철학이 확연히 드러난다. 그러나 냉혹한 현실 세계에 유희적인 협기가 파고들기는 어렵다. 사실 세계적 규모의 '플레이 나우 페이 레이터'를 하고 있는 것은 현재의 금융 사업이 아닐까? 서브프라임론 때문에 금융위기를 겪은 지 얼마 되지 않았건만, 지금도 무수히 많은 금융상품이 시장에 범람하고 있다.

이런 구조는 파산을 어떻게든 뒤로 미루려는 발상에서 비롯한다. 부채 상환을 늦출 수 있는 데까지 늦추려는 것이다. 이런 상황을 여러 측면에서 분석하고 복잡한 체계를 고안한 사람들이 있다. 그들은 실제로 아주 정교한 정보 체계를 고안해냈지만, 그다지 존경받을 만한 사람들은 아니다. 경제와 관련된 세계가 늘 안정적일 수는 없어서 현금으로 거래하기를 원하는 사람도 많을 것이다. 현금 거래의 아쉬운 점은 단지 내가 늘 현금을 충분히 가지고 있지는 않다는 것뿐이다.

그렇다면 '플레이 나우 페이 레이터'라는 발상은 어디서 비롯한 것일까? 나는 이 말이 TV에서 신용카드 선전 문구로 등장했던 것을 기억한다. 신용카드(credit card)는 말 그대로 '신용(credit) 패(card)'다. 이 신용패가 있으면 지금 원하는 것을 현금 없이 사서 쓸 수 있고, 물건 값을 한 달 뒤나 여러 달로 나눠서 갚을 수 있다.

신용카드는 일본에서 1960년을 전후로 은행과 그 관련 회사에서 취급하기 시작했으나 당시에는 카드로 물건을 사는 사람이 한정돼 있었다. 일본의 대표적인 유통 그룹 마루이도 같은 시기에 '빨간 카드'라는 애칭으로 친숙해진 카드 사업을 시작했다. 이는 경마장에서 한 달 동안 외상으로 마권을 사서 도박하고 월말에 한꺼번에 정산하는 방식을 조직화·체계화한 것이다. 신용카드 사용은 결국 빚을 지는 것이며, 돈을 빌려주고 이자로 수익을 올리는 은행은 소비자에게 신용카드 사용을 적극적으로 권한다. 기업은 이런 신용 체계를 은행보다 더 환영한다. 왜냐면 기업은 자사의 상품이 시장에서 더 빨리 회전할수록 더 많은 돈을 벌기 때문이다.

신용으로 성립된 외상

그렇다면 소비자, 즉 우리는 신용카드의 출현을 어떻게 생각하면 좋을까? 단순히 현금을 가지고 다니지 않아도 된다는 편리함만을 이야기할 수는 없을 것 같다. 기업이 좋아하고 은행이 환영하며 소비자도 미소 짓는 등 소비사회의 여러 주체가 이보다 더 만족하는 체계는 없을 것 같다. 의심 많은 나는 어딘가 맹점이 있는 것은 아닌지 궁금할 뿐이다.

카드는 외상과 같다고 말했지만, 이전에 외상으로 뭔가를 살 수 있는 사람들은 단골뿐이었다. 업소의 단골이라는 사실이 그 사람의 신용이었다. 그러나 카드가 있으면 언제 어디서라도 외상으로 무엇이든 살 수 있다. 그렇다고 업소가 카드 소지자를 신용하는 것은 아니다. 카드 소지자는 카드를 발급받을 때 자기 신용에 대한 심사를 받고, 그다음부터 외상으로 먹고 마시고 살 수 있는 한도액이 정해진다. 이것이 바로 그 사람의 신용도다.

내가 전에 번역한 여신 체계 알고리즘에 관한 책에 따르면, 오늘날 신용카드의 여신 설정에도 일정한 알고리즘 체계가 작동하고 있다. 신용카드가 작동하는 전체 체계를 생각하면 왠지 역겹고, 마치 우리가 닭장 속의 닭이라도 된 것 같은 기분이 든다. 체계가 우리 신용을 관리하고, 우리는 즐겁게 쇼핑하는 얼굴 없는 소비자인 셈이다. 사실, 예전에 외상에는 '안면'이 신용으로 작용했고, 단골손님은 '그 업소에서 나는 안면으로 통하거든'이라는 말을 하곤 했다. 그러나 요즘에 외상으로 뭔가를 사는 사람의 안면은 아무 의미도 없다. 오로지 숫자만이 존재할 뿐이다. 신용은 눈에 보이지 않는 자산이다. 그러나 체계가 구축한 여신 구조는 예금 잔액이나 신용평가 자료처럼 눈에 보이는 것에만 초점이 맞춰져 있다. 인간의 생활에는 눈에 보이지 않아도 중요한 것들이 많이 있지만, 전산화와 소비사회의 진전에 따라 우리는 눈에 보이지 않아도 중요한 것들이 분명히 있다는 사실을 잊고 있다. 카드회사가 제공하는 편리함과 맞바꾸면서 훼손한 것은 눈에 보이지 않는 것의 가치, 즉 '신용'이라는 것의 근본적인 의미일 것이다.

사람이 사람을 믿는다는 것은 예금 잔액과 관계없다. 신용은 예금 잔액이 아니라, 예를 들어 '이 사람이라면 이해득실과 관계없이 인간관계를 맺어야겠다'고 생각하게 하는 가치다. 그런 점에서 신용은 이해관계와 무관하다.

후안무치한 사람들

얼굴이 말한다

요즘 이상하게도 내가 돌아가신 아버지를 닮았다는 생각이 부쩍 자주 든다. 아버지는 사이타마 현에 있던 시골집을 떠나 도쿄에 가서 혼자 힘으로 공장을 세우셨다. 내 얼굴도 어느새 햇볕에 그을고 주름진 농가 출신 공장 노동자의 얼굴이 돼버렸다. 동창회에서 중학교 친구들을 만나면 환갑 전후인데도 얼굴이 예전과 별로 다르지 않은 친구들도 있어 깜짝 놀라곤 한다. '촌티 나는 얼굴'이라는 말도 있지만, 유전자의 어떤 특징이 어떤 시기에 얼굴에 확연하게 드러나기라도 하는 걸까?

사람들은 '딸은 어머니를 닮고 아들은 아버지를 닮는다'는 말을 당연한 것처럼 받아들이지만, 어찌 보면 이것은 놀라운 일이다. 링컨은 '마흔 살이 넘으면 자기 얼굴에 책임을 져야 한다'고 했으나 이 멋진 말을 제멋대로 해석하면 독단적인 의미가 되기 쉽다. 아무도 진정으로 자기 얼굴에 책임질 수는 없다. 단지 이런 말이 오랜 세월이 흘러도 계속 남아 있는 것은 거기에 어떤 진실이 있고, 사람들이 이런 말에 들어맞는 경험을 했기 때문일 것이다. 나도 때로 이 말을 머릿속에 떠올리곤 한다.

그때 나는 몇 가지 물건을 사려고 역 뒤쪽으로 난 뒷골목을 살피고 있었다. 그러다가 다코야키를 파는 가게를 발견했다. 카운터를 활용해 좁은 공간을 그런대로 잘 꾸며놓은 가게였다. 다코야키를 꽤 좋아하는 나는 가게 안으로 들어가 카운터 의자에 걸터앉아 음식을 주문했다.

"장사는 잘 됩니까?"

"보시다시피, 자리가 나빠서 쉽지 않아요."

"먹는장사는 역시 자리싸움이죠."

"역 앞에도 다코야키 가게가 있어요. 그 가게에 밀릴 이유는 없는데…. 맥주 한잔 하시겠소? 내가 낼 테니."

"아, 괜찮습니다."

"역시, 자리가 문제예요."

"맞아요, 자리가 문제죠."

나는 초라하고 위태로워 보이는 다코야키 가게에서 뜬금없이 맥주를 대접받았다. 역 앞에 있는 다코야키 가게에도 몇 번 가본 적이 있지만, 맛은 이 작은 가게 다코야키가 훨씬 더 좋았다. 그러나 아무래도 자리가 좋지 않았다. 이 집 주인은 장사하기에 유리한 점이라고는 찾아볼 수 없는 장소에 가게를 열었던 것이다. 내가 이 가게에 올 때마다 주인은 오사와 아리마사의 추리소설을 읽고 있었다. 나중에 가보니 셔터가 내려져 있었다. 가게가 망한 것이다. 기분 좋게 맥주잔을 내밀던 주인의 호인다운 얼굴이 지금도 눈에 선하다. 왠지 좋은 느낌을 주는 인상이었다.

흔히 '하늘의 시기, 땅의 이익, 사람의 인화'라고들 하지만, 이것이 마치 장사의 기본인 것처럼 말하는 사람들을 나는 신뢰하지 않는다. 이런 유형의 경영자가 꽤 많이 있다. 언젠가 규슈 출신으로 시부야 역 앞의 토지를 사들여 직업학교를 짓고 비즈니스 센터를 운영하는 등 폭넓게 사업을 전개하던 경영자의 연설을 들을 기회가 있었다. 새로운 학교 건물의 준공식

피로연 자리였던 것 같다. 그는 '전철역에서 500미터 이내에 자리를 잡는 것이 사업 성공의 핵심'이라면서 '인생은 모름지기 하늘의 이익, 땅의 이익, 사람의 이익'이라는 점을 강조했다.

나는 '이것 봐, 그건 아니잖아. 말을 멋대로 바꿔서 모든 걸 이익과 결부시키는군.' 하고 속으로 중얼거렸다.

프로이트는 말실수가 인간 심리의 근저에 있는 욕망의 표현이라고 했다. 이 경영자는 말실수했다기보다 말을 잘못 기억했겠지만, 그 기억을 통해 무의식중에 자기 욕망을 표출했던 것이다. 그의 머릿속은 온통 '이익'에 대한 생각이 차지하고 있어서 '이치(理致)' 같은 개념은 들어설 여지가 없는 것 같았다. 이런 경영자 밑에서 일하면 엄청나게 힘들겠다고 생각하면서 연설을 듣고 있는데, 그는 자기 회사 직원 몇 사람을 단상에 불러 세웠다. "이 친구들은 머리가 나빠도 근성이 있어요. 머리 나쁜 놈들은 땀을 흘려야 해."라며 직원들을 소개했다. 나는 진절머리가 나서 자리를 박차고 나왔다.

나는 어쨌든 그의 얼굴이 싫었다. 그의 표정은 '여러분, 솔직히 말해봅시다. 여러분도 모두 돈밖에 관심이 없죠?'라고 말하는 듯했다. 그런 말에도 일말의 진실이 있겠지만, 나는 적어도 그런 부류의 인간이 되고 싶지는 않았다. 몇 년 뒤에 그는 성폭행을 저지르고 구속됐지만, 나는 사업과 관련해서 의논할 일이 있어 실제로 그를 한 번 만난 적이 있었다. 그가 성공 가능성이 있는 벤처 창업자들에게 자금을 지원하는 천사 투자자로도 활동했고, 나는 유망성과는 거리가 먼 사람이지만 벤처 기업을 지원하는 일을 하고 있었으므로 그를 만나야 했다.

나는 그를 만난 순간 왠지 모를 위험을 느꼈다. 그것은 돈에 대한 그의 강한 욕망이 자신의 윤리의식과 직업의식을 무력화할지도 모르는 위험이 아니라 오히려 그의 욕망이 내게 잠재한 욕망의 빗장을 부숴버릴 것 같은 위험이었다. 인간은 누구나 강약의 차이는 있지만 비슷한 욕망을 품고 있다. 인간이 사회생활을 영위할 수 있는 것도 이런 욕망을 적절하게 사용한 덕분이다. 규칙은 인간의 내면에 깃든 정의와 윤리에 대한 의식의 표출이 아니라 욕망을 스스로 통제하고 규제하는 수단이다.

왜 스스로 욕망을 규제할까? 그것은 자신을 존중하고 싶어 하는 다른 차원의 욕망이 있기 때문이다. 자기가 얻은 것보다 단념한 것에 따라 자신에 대한 존중이 생겨난다. 우리에게는 단념할 때만 얻을 수 있는 어떤 경지가 있다. 성숙한 인간이 된다는 것은 바로 이런 것이다. 타인을 통제하는 권력을 통해 존중을 얻을 수 있다는 잘못된 생각을 가지고는 언제 어디서도 성숙한 인간이 될 수 없다.

'나는 특별하다'고 말하는 사람들

나는 아베 총리의 얼굴을 보면 불안해진다. '나는 총리다, 나를 존경해라, 나는 일본에서 가장 특별한 사람이다'라고 말하는 것처럼 보이기 때문이다. 이런 표현은 좀 심하게 들릴지도 모르겠다. 어쨌든 그는 민주국가 일본의 총리여서 이렇게 수준 낮게 생각하고 말하지는 않을 것이다. 일본의 장래에 관해 전문가들의 의견을 듣고, 정세를 분석하고, 국가의 안전과 국민의 생활을 돌보기 위해 늘 고민하고 있지 않을까? 그렇게 믿고 싶다.

그러나 2014년 2월 12일 우연히 국회 중계방송을 보다가 아베 총리가 '나는 특별하다'고 강변하는 듯한 인상을 받았다. 집단 자위권 행사에 헌법 개정이 필요 없으며 정부의 새로운 해석으로 가능하다는 아베 총리의 발언을 듣고, 민주당 의원이 내각법제국 직원에게 역대 내각은 집단 자위권을 어떻게 해석했는지 여러 차례 질문하고 있었다.

조바심하며 이 장면을 지켜보던 아베 총리는 좌중을 제압하려는 듯이 갑자기 손을 들고 "내가 책임자이니 정부의 답변에 대해서도 내가 책임을 지고 선거에서 국민의 심판을 받겠습니다. 심판을 받는 것은 법제국 장관이 아니라 나입니다."라고 말했다. 이처럼 선거로 전권을 장악하려는 듯한 발언은 문제가 많으나 이 문제에 관해서는 언급하지 않겠다. 이날 회의록에는 기록되지 않았지만, 아베 총리는 이렇게 투덜거렸다고 한다.

"법제국 장관이 총리보다 더 특별하다는 것인가?"

아베 총리 역시 자신이 가장 특별하다고 생각하는 것이다. 가장 특별하니 존경받아야 한다고 생각하는 아베 총리는 역시 아베 총리다웠다.

실제로 국회는 국가기관이고 여러 가지 역할을 하지만, 어떤 것은 특별하고 어떤 것은 특별하지 않다고 말할 수는 없다. 이것이 사기업과 국가기관의 차이다. 행정부 인사에는 임명권자와 피임명권자의 관계가 작용하지만, 그것은 어디까지나 의사결정의 역할을 분담하기 위한 조처일 뿐이다.

'국회의원도 선거에서 지면 한 사람의 인간'이라는 말이 있듯이 국회의원들은 일정 기간 국민을 대표하여 정무를 담당하는 역할을 선거를 통해 위탁받은 존재에 불과하다. 그래서 우리는 그들을 '공복(公僕, public servant)'이라고 부른다. 즉, 공공을 위한 봉사가 그들의 일인 것이다. 그런데도 '내가 가장 특별하다'며 얼굴을 내미는(실제로 그렇게 말하는) 사람이 점점 늘어나는 것 같다.

NHK 신임 회장은 취임하면서 이사 전원에게 사표를 제출하라고 요구했는데, 이런 행동도 자기 직책을 사기업 사주와 혼동한 데서 비롯한 것이다. 아니, 사기업 사주조차도 이렇게 제멋대로 행동하지는 않는다. 이런 예는 너무도 많은데, 이들은 성숙한 인간이 아니라 '아귀 대장' 같다고 생각하는 사람이 나만은 아닐 것이다.

예전에는 품격 있는 대인의 풍모를 갖춘 정치가들이 있었다. 이시바시 단잔, 이케다 하야토, 다나카 가쿠에이, 오히라 마사요시 같은 사람들이다. 물론 이들의 이념이나 정치적 사고에 대해서는 서로 다른 평가가 있겠지만, 풍모만큼은 돋보이는 구석이 있었다. 확실히 '완고한 아버지' 같은 유형의 인물들이었다. 메이지 시대(1868~1912)까지 거슬러 올라가면, 당시 일본인의 풍모가 그렇게 돋보였나 하는 일종의 감동마저 생긴다. 오늘날 정치가와 사업가의 얼굴에서는 미성숙한 아이 같은 모습이 자주 드러난다. 편견일지도 모르지만, 근대화 과정과 뭔가 깊은 관계가 있는 듯싶다.

다방이 사라진 이유, 일하는 이유

연쇄점과 생활양식의 변화

거리에서 다방은 언제 사라졌을까? 학창시절 우리는 시부야, 신주쿠 뒷골목을 방황했다. 1970년대 중반에는 그런 학생이 꽤 많았다. 걷다가 피곤해지면 다방에 들러 맛없는 커피를 마시며 담배를 피우거나 책을 읽고 친구들과 토론도 했다.

당시 동네 입구에 다방이 있었는데, 몇 사람만 들어가도 꽉 차는 다방으로 언제 가도 손님이라고는 나와 늘 보던 몇 사람 정도가 있을 뿐이었다. 그 공간은 당시 나처럼 무위도식하는 녀석들이 안심하고 뭔가를 하거나 편히 쉴 수 있는 몇 안 되는 장소였다.

시부야의 도겐자카에는 '라이온'이라는 음악다방이 있었는데, 콘서트홀을 모방한 어두운 공간 정면에는 1층과 2층을 관통해 설치한 거대한 스피커가 객석을 위압하듯 서 있었다. 당시에 나는 다카다노바바에 있는 대학에 다니기 위해 야마노테 선 전철을 이용했는데, 도중에 내려 도겐자카로 향하곤 했다. 거의 매일 그곳에서 살다시피 했다.

아무것도 하지 않았지만, 언제나 정해놓은 자리에 앉아 시와 평론을 읽거나 때로 소설가 흉내를 내기도 하다가 밤이 되면 일과를 마친 샐러리맨처럼 집으로 돌아가곤 했다. 나는 부모님과 함께 살았는데, 집과 붙어 있는 공장에서 일하시던 부모님은 내가 매일 대학에 간다고 믿고 계셨다. 나는 학비를 받으면서도 학교에 가지 않고 매일 다방에 들락거리는 것이 조금 켕기기는 했지만, 그렇게 지내는 것 말고는 다른 방법을 찾지 못했다.

다방에서는 어떤 경제적인 효과도 기대할 수 없었지만, 나에게는 그곳이 도시 속의 대학이었다. 만약 라이온이 없었다면, 나는 집에 틀어박혀 은둔형 외톨이로 지냈을지도 모른다. 그런 의미에서 라이온은 나와 실제 사회를 이어주던 몇 안 되는 장소였다. 당시를 떠올리면 지금도 사회에는 라이온 같은 공간이 필요하다는 생각이 든다.

그런데 1980년대 후반이 되자 동네에서 다방이 자취를 감추기 시작했다. 도토루 1호점이 하라주쿠 역 앞에 생긴 때가 1980년이다. 나는 그때쯤 번역 회사를 경영하기 시작해서 그 사실을 잘 기억한다. 좁지만 깔끔한 매장에 서서 마실 수 있는 테이블만 있었다. 커피 맛은 그때까지 다방에서 마셨던 것과는 차원이 다를 정도로 좋았다. 그렇지만 나는 도토루가 아니라 맛없는 커피를 주던 다방에 계속 드나들었다.

1999년에는 긴자에 스타벅스가 진출했다. 금연 연쇄점 커피숍에 처음 발을 디뎠을 때 '여기 내가 쉴 곳은 없다'는 기분이 들었다. 분위기도 조금 위압적인 데다 들어보지도 못한 커피 종류가 많았다. 이곳이 대체 무엇을 하는 장소인가 하는 의문이 들 정도였다. 그러나 이런 연쇄점이 거리에 출현하자 구식 다방은 하나둘 사라지기 시작했다. 기존 다방은 한 잔에 2,000원짜리 커피를 파는 연쇄점의 경쟁 상대가 될 수 없었다.

사실 다방은 돈을 벌 수 있는 장사는 아니었다. 연쇄점보다 비싼 4,000원짜리 커피를 하루에 손님 30명이 마신다고 해봐야 12만 원이다. 여기서 원가와 제반 경비를 제하면 이익이 나기 어렵다. 80년대 중반 땅값 버블로 토지는 그 자체로 이익을 창출하는 '황금알을 낳는 거위'였다. 토지 소유자가 보잘것없는 다방에서 이익을 기대하기보다 맨션이나 주차장처럼 효율이 높은 자산 운용을 모색하는 것도 전혀 이상하지 않았다. 다방이 헐리고 무인 주차장이 들어서는 상황을 지켜보기는 가슴 아픈 일이지만, 그것은 어디까지나 내 개인적인 감상일 뿐이다.

다방이 급격하게 줄어든 데에는 이런 경제적 측면보다 사람들의 생활양식이 변화했다는 사실이 주효했다. 다방에 앉아 하는 일 없이 반나절을 보내는 인간들이 살아가기 어려운 시대가 됐던 것이다. 당시 내 처지를 지금 생각해보면, 아르바이트 수입으로 끼니를 때우고 커피값을 내면서 아무것도 하지 않고 시간을 보낼 여유는 전혀 없을 것 같다. 그때 내가 어떻게 그런 여유를 부렸는지 신기할 따름이다. 주인에게도 손님에게도 비효율의 전형 같은 장소가 바로 다방이었다. 그래도 곳곳에 다방이 있었고, 장사는 그럭저럭 되고 있었다. 무위의 시간을 생성하는 장소가 그런대로 기능하던 시대였다.

다방에서 보내는 무위의 시간이란 책을 읽고 글을 쓰거나 격렬하게 토론하는 시간이었고, 다방은 그 자체로 문화가 싹트는 장소이기도 했다. 이런 문화 자체가 사라지고 사람들은 역 앞에서 모닝커피를 마시고 일터로 향하고 기를 쓰고 돈을 버는 데 열중하기 시작했다. 아니, 그렇게 하고 싶어서가 아니라 하지 않으면 안 되는 상황에 몰려 무위의 시간은 점차 소멸해갔다. 언제부터인가 일본은 동아시아의 발전도상의 문화국가가 아니라 경제 발전이 극에 달한 경제대국이 됐다.

더 중요한 '시간'을 실감할 수 있는 곳

뒤에서 자세히 이야기하겠지만, 올해 나는 어린 시절에 살던 동네로 돌아와 친구들과 함께 다방을 개업했다. 그곳을 우리 근거지로 삼아 책이나 오래된 물건 들을 진열해놓았다. 고탄다 역에서 출발하는 '도큐이케가미센'이라는 지역 노선의 수수한 역에 내려 조금은 퇴색한 느낌이 드는 상점가를 빠져나오면 있는 곳의 다방이 나와 친구들의 새로운 근거지가 됐다. 다방 의자에 앉아 커피를 홀짝거리며 친구들과 즐겁게 시간을 보내다 보면, 바로 이런 시간을 만들기 위해 일하고 있다는 사실이 실감 난다.

이 다방을 시작할 때 나와 친구들은 한 가지를 약속했다. 그것은 이 다방에서 이익을 내거나 돈을 벌려고 하지 말자는 것이었다(다방에서 제대로 이익이 날 수도 없겠지만). 반자본주의적이지만, 우리는 무엇인가를 위해서가 아니라 중요한 것을 위해서 운영하자는 생각을 공유했기 때문이다. 우리가 아등바등 일하는 이유는 대부분 돈을 벌기 위해서다. 누구도 이 사실을 부정할 수 없을 것이다. 그러나 잘 생각해보면, 돈을 벌기 위해 일한다는 생각에도 좀 이상한 구석이 있다.

돈에는 어떤 사용가치도 없다. 교환가치만이 있을 뿐이다. 우리는 돈을 뭔가와 교환하고 싶어 한다. 즉, 언제라도 무엇인가와 자유롭게 교환할 수 있는 상태가 되기 위해 일한다. 그런데도 진정으로 자신이 무엇을 원하는지는 잘 모른다. 어느새 '부자가 된 자신'을 목표로 삼고 있다는 것은 본말전도일 뿐이다. 현재는 효율화가 최우선이 돼버린 시대인데, 더 소중한 것은 무엇일까? 나는 그것이 시간이라고 생각한다. 우리 다방에는 커피 말고는 아무것도 없지만, 시간만은 여유롭게 많이 있다.

편의점이 드문 마을

사람들의 삶이 마을의 체온

요전에 도예가 가와바타 후미오 씨와 대담하기 위해 오카야마 현 비젠 시에 갔다. 가와바타 씨를 소개한 회사의 사장과 함께한 여정이었다. 오카야마 현 동부의 이베 지역에는 길가에 공예품 상점가가 들어서 있다. 휴일이 되면 관광객들이 들뜬 모습으로 산책하는 모습도 흔히 볼 수 있다. 이베를 뒤로 하고 우리는 숙박지가 있는 오카야마 시의 중심지로 향했다.

오카야마는 넓은 도로와 운치 있는 거리 풍경에 전체적으로 한가로운 지역이었다. 높은 건물에 올라가니 넓게 돌아 흐르는 강과 그 주변 숲이 적절하게 자리 잡은 모습이 내려다보였다. 하늘이 넓어 보이는 이유는 고층 빌딩이 적어서다. 차창 밖 거리 풍경을 바라보다가 문득 떠오른 것이 있어 옆에 앉은 사장에게 말했다.

"이 주변에는 편의점이 하나도 없네요."

"아, 그러고 보니, 정말 그렇군요."

사장도 그런 사실을 의식하고 나와 함께 거리에 편의점이 있는지 눈여겨보기 시작했다. 실제로 오카야마 현에 편의점이 몇 군데나 있는지 궁금했다. 조사해보니, 편의점 매상 1위인 세븐일레븐의 인구 10만 명당 전국 평균 점포 수는 10.69개로, 2011년 1위는 야마나시 현, 2위는 후쿠시마 현이었고 군마, 이바라키, 나가노 현이 그 뒤를 이었다. 22위인 오카야마 현의 편의점 수는 11.36개로 19.35개가 있는 야마나시 현의 절반 수준이었다. 이는 가나가와 현과 거의 같은 수준이다. 이것은 어디까지나 인구 대비 개점 수여서 지역의 면적을 고려하면 오카야마 현과 가나가와 현의 상황은 그 의미가 전혀 다르다는 것을 알 수 있다. 도쿄 사람 관점에서 인구밀도가 낮은 오카야마 현에 편의점 수가 적어 보이는 것은 당연하다.

오카야마 시의 동쪽, JR 아고우센의 연변에는 하다카마쓰리[5]로 유명한 사찰인 사이다이지가 있다. 이 절 주변에는 쇼와 시대(1926~1989) 풍정이 지금도 남아 있는 아름다운 거리가 넓게 펼쳐져 있다. 잘 알려지지 않았지만, 영화 「ALWAYS 산초메의 석양(三丁目の夕日)」에서 노벨상 작가 아쿠다가와 류노스케 역할을 맡은 요시오카 히데타카와 소설가 요시유키 진노스케 역할을 맡은 스가 겐타가 재회하는 장면을 이곳에서 촬영했다. 우리 동네 가게에도 이 영화 포스터가 붙어 있었다.

다음날 오카야마에서 도쿄로 돌아왔다. 하네다 공항에서 집이 있는 오타구까지 자동차로 오는 동안 환상 8호선, 7호선 변의 거리 풍경은 꽤 황량한 느낌이 들었다. 오카야마의 아름다운 거리 풍경이 강한 인상을 주었기

---

5) 裸祭り: 참가자가 거의 나체로 참가하는 마을 축제.

때문일까? 도쿄의 발전은 어딘가 균형이 깨진 스크랩 앤 빌드[6]를 계속 반복하는 것 같았다. 고층 맨션과 종횡으로 확장된 도로망이 과연 발전의 상징일까? 오카야마처럼 '인간의 삶이 만들어낸 도시의 체온'을 느낄 수 없고 어딘가 살아남기에 급급한 공룡 같은 도시로 변모한 것이다.

왜 채소 생산 말고는 특별한 산업이 없는 오카야마가 이토록 풍요로운 인상을 주고, 공장과 서비스업이 북적거리는 수도권이 황폐한 인상을 주는지 생각해볼 필요가 있다. 흥미로운 점은 오카야마 현 주민의 초혼 연령이 낮고 인구 감소율도 다른 지역보다 낮다는 사실이다. 즉, 도시화는 됐으나 극단적인 인구 감소와 핵가족화가 진행되지는 않았다. 이런 사실은 그 도시에서 직접 걸어 다녀보면 실감할 수 있다. 환락가도 전혀 눈에 띄지 않고, 도시 기능이 집중된 오카야마 시와 구라시키 시 중심을 조금 벗어나면 여전히 오래된 목조 주택들이 예전 모습 그대로 남아 있다.

이런 건물들과 나란히 연결된 뒷골목에서 큰길로 나가면 반찬가게, 채소가게, 이발소, 다방 같은 가게들이 지금도 그대로 영업하고 있다. 생활에 필요한 것은 반경 100미터 안에서 모두 구할 수 있는 구조가 유지되어서 편의점이 들어설 여지가 없을 정도로 도시의 기능이 충실하다.

편의점이 잃어버린 것들

편의점이 적은 것이 초혼 연령이 낮은 것과 어떤 연관이 있을까? 인구 감소 문제에 대해 오랫동안 생각해왔기에 이것은 내게 꽤 흥미 있는 주제였다. 2010년 출간한 『이행기적 혼란, 경제 성장 신화의 종말(移行期的混乱—

----

6) scrap and build: 낡은 것을 정리하고 새로운 것을 만드는 경영 방식이나 정책.

経済成長神話の終わり)』에서 나는 전후 일본의 큰 변화로 주 2일 휴일제 시행과 노동자 파견법 개정, 편의점 출현을 들었다. 편의점 제1호는 1974년 세븐일레븐 도요스 점이었다. 그 후 40년간 일본 전국에 편의점이 생겼다. 일본의 전후 역사는 경제 발전을 바탕으로 이익과 합리성을 추구해온 과정의 역사였다.

편의점이 출현하면서 우리는 돈만 있으면 혼자서도 살 수 있는 편리함을 얻었다. 편의점은 24시간, 언제라도 돈만 있으면 필요한 것과 교환할 수 있는 편리한 시장이다. 여기서 필요한 것은 오로지 돈뿐이며 학력도 친구의 도움도 가족의 협력도 지역 사람들과의 연대도 필요 없다. 살 것을 계산대에 올려놓기만 하면, 모니터에 금액이 표시되고 판매자와 말을 섞을 필요도 없이 돈을 내고 나서 물건을 들고 떠나면 그만이다. 그러나 만약 돈이 없다면, 편의점은 우리와 완전히 무관한 공간으로서 어떤 지원도 협력도 하지 않는다. 편의점에서 우리는 돈을 가져오는 무명의 소비자일 뿐이며, 돈 없는 사람은 매장 분위기만 해치는 방해꾼이다. 이럴 때나 우리는 편의점에 의존하던 삶에서 필요 없었던 것들, 즉 친구의 도움이나 가족의 협력, 지역 사람들과의 연대 등을 돌아볼 뿐이다.

환영만 남은 유적지에서 존엄사 법안을 생각하다

눈에 보이지 않아서 더 소중한 것들

'스사키'[7]라는 지명은 도쿄 지도에서 사라졌다. 1967년 행정부의 지명 변경 조처를 따른 것이지만, '스사키'라는 거리의 실체, 즉 그곳에 있던 사람들의 생활, 지역 경관, 거리의 빛과 소리도 지명 변경 이전에 제정된 1958년 매춘방지법의 본격적인 시행에 따라 도쿄에서 자취를 감췄다. 현재 도요산초메 교차점에서 조금 들어가면 스사키 다리의 흔적이 남아 있고 비석도 서 있다. 지금은 강도 다리도 사라졌지만, 한때 이곳에는 배들이 오갈 정도로 수량이 풍부한 강도 있었고, 그 위로 트럭이 다닐 정도로 견고한 다리도 있었다. 다리 위에는 아치가 있었고 거기에 '스사키 파라다이스(洲崎 パラダイス)'라는 글자가 빛났다. 즉, '이곳을 지나면 욕망의 도시가 시작된다'는 의미였다. 매춘방지법이 시행되기 전 이곳은 메이지 시대부터 도쿄를 대표하는 환락가로 유곽이 늘어선 지역이었다.

정확하게 말해서 '스사키 파라다이스'라고 아치에 쓰여 있던 것을 기억하는 사람은 많지 않다. 나도 영화를 보기까지는 이 같은 풍경이 도쿄 변두리에 펼쳐져 있었다는 사실을 상상조차 할 수 없었다. 스미다 강 하류에 살던 사람들을 섬세한 필치로 묘사한 여류 소설가 시바키 요시코의 소설 『스사키 파라다이스』를 명감독 가와시마 유조가 「스사키 파라다이스 적신호(洲崎パラダイス赤信号)」라는 영화로 만든 때가 1956년이다. 이 영화에는

---

7) 스사키(洲崎)는 도쿄도 에도가와(江戸川) 구 도요(東陽) 잇초메(一丁目)의 옛 이름이다. 1888년 도쿄도 분쿄구 네즈(根津)에 있던 유곽이 스사키로 옮겨왔다. 1958년 매춘방지법이 실시되기까지 도쿄도의 대표적 환락가였다. 전후에는 '스사키 파라다이스'라는 이름으로 널리 알려졌다.

스사키 입구에서 '이곳을 지나면 욕망의 도시가 시작된다'고 말하듯이 빛나는 아치가 등장한다. 영화의 무대는 스사키 입구의 술집 치구사(千草)로, 여주인 역할은 도도로키 유키코가 맡았다.

이야기는 유곽에서 일하던 아라타마 미치요와 미적지근한 성격의 남자 미하시 다쓰야의 우울한 여정을 따라간다. 이들이 머물게 된 곳이 치구사로, 여자와 어울리던 아버지를 기다리던 술집 아이들은 진흙투성이로 강변을 달리면서 칼싸움 놀이를 하며 논다.

나는 이 영화를 몇 번이나 보았는데, 그때마다 감개무량한 이유는 이 아이들 모습이 나의 어린 시절을 떠올려서다. 영화에 등장하는 아이들 나이는 예닐곱 살 정도로 추억 속 나의 어린 시절의 내 나이와 거의 같다. 내가 태어나 자란 곳은 도쿄 남쪽 다마 강에서 가까운 변두리여서 분위기도 비슷하다.

여름 어느 날 나는 친구와 그 동네를 산책했다. 우리는 산책하기 전날 예행연습이라도 하듯이 이 영화를 한 번 더 보았고, 구 스사키 벤텐초 교차점까지 갔다. 매우 기뻤다, 아니 깜짝 놀랐다고 해도 좋을 것이 영화에 나오는 술집 치구사가 그 모습 그대로 남아 있었기 때문이다(지금은 부동산 사무실이 됐다). 그곳에서 기념사진을 찍고 우리는 환영 아치를 지나 유곽을 향해 걸어갔다. 자료를 보면 몇 군데 유곽의 흔적이 아직 남아 있었던 것 같은데, 안타깝게도 동일본 대지진 이후 위험하다는 이유로 모두 철거됐다. 유곽은 어디를 찾아봐도 지난날 모습이 남아 있지 않았다. 중앙에 있는 3차선 도로 양쪽에는 맨션이 늘어섰고, 한때 이곳이 유곽이었음을 알아볼 만한 흔적은 완전히 사라졌다. 50여 년 전 갑자기 사라진 홍등가 자리에 새로운 구역이 형성된 것이다.

당시 건물을 문화재로 남겨놓지 않은 행정부의 처사가 불만스러웠다. 고도의 소비 시대여서 과거에 대한 향수보다는 현재의 이익을 우선시한 이유도 있을 것이다. 불과 50년인데, 그 변화에 너무 과격한 면이 있다. 당시 일본은 길에 흙먼지가 날리고, 강변에서 아이들이 흙투성이가 되도록 뛰놀고, 가설무대에서 어른들이 사무라이가 등장하는 검극(劍劇)을 보며 흥분하는 풍경을 흔히 볼 수 있는 나라였다. 잠방이에 머리띠를 동여맨 사내들이 하루 일을 마치고 밤에 거리를 휘젓고 다니던 광경을 지금은 찾아보기 어렵다. 당시는 동아시아의 섬나라가 급격히 서구화하던 전환기 같은 시대였다.

이곳에서 조금 떨어진 곳에 스사키 신사가 있다. 예전에는 '스사키벤텐'이라고 불렀는데, 신사의 기록에는 그 유래가 다음과 같이 적혀 있다. "당시는 (…) '후벤텐(浮弁天)'이라는 이름처럼 바닷속 섬의 혼령을 신으로 모셨다."

여기서 '당시'는 에도의 겐로쿠 시기[8]를 가리킨다. 역시 사람도 지형도 시대와 더불어 변한다. 소비사회화하고 자본화한 현재 도시에서 그 시대 모습을 찾기는 어렵다. 그러나 그런 모습을 확인하기 어렵다고 해서 그 시대가 없었던 것은 아니다. 눈에 보이지 않기에 오히려 더 소중히 여길 필요가 있다. 스사키의 아이들에 대해서도 물론 같은 말을 하고 싶은 심정이다.

우리에게 현재가 있는 것은 좋은 점도, 나쁜 점도, 자랑하고 싶은 것도, 부끄러운 것도 포함해서 선인들이 만들어낸 역사가 있기 때문이다. 우리는 종종 이런 사실을 망각하곤 한다. 왜냐면 그런 것들을 망각할 때 마치

---

8) 元禄: 17세기 후반 5대 쇼군 쓰나요시(綱吉) 정권이 성립하면서 훗타 마사토시(堀田正俊), 그 후에는 야나기사와 요시야스(柳澤吉保)를 중용하여 문치(文治)를 펼친 시대.

전진하고 발전하는 듯한 기분이 들기 때문이다. 하지만 만약 그런 식으로, 우리 현재는 우리만이 만든 것이고, 우리만의 책임으로 미래를 열어간다고 생각한다면, 이는 너무도 교만한 태도다.

죽음의 개인성과 법과의 거리

조금 다른 화제지만, 누각 유적지 주변을 걷다가 자민당이 제출한 '존엄사 법안'에 대해 생각해보았다. 두 차례 공표된 존엄사 법안의 내용을 보면, 환자가 의미 없는 연명 치료를 그만두고 스스로 죽음을 택하는 데 대한 법적 근거가 제시돼 있다. 15세가 됐을 때 '사망선택유언(living will)'이라는 것에 서명하고, 나중에 자신이 치명적인 질병에 걸렸을 때 연명 치료를 원하지 않는다는 의사를 밝혀두면, 의사가 치료하지 않거나 치료를 중단해도 책임을 묻지 않는다는 내용이 포함돼 있다.

나는 연명 치료를 원하지 않지만(이런 문제는 그때가 돼야 알 수 있겠지만), 인간의 죽음을 법제화한다는 생각에는 거부감이 든다. 그리고 연명 치료를 원하지 않는 자연사를 '존엄사'라 부르는 것에도 반대한다. 무엇보다도 이런 발상에 '당사자의 책임'이라는 근거를 끌어들인다는 점이 못마땅하다.

정치적으로 공적 의료비 삭감 문제와 고령화에 의한 공적 부조 예산 증액에 대한 대책이라는 경제적 이유와 장기이식을 원하는 사람들의 요청 같은 복잡한 문제가 뒤얽혀 있겠지만, 여기서는 정치적인 문제와 별개로 죽음이 개인의 문제이며 자기 결정의 영역이라는 점에 대해 생각을 정리해두고자 한다.

내가 존엄사 법안에 반대하는 이유는 죽음이 전적으로 개인적인 사건이며, '죽음'이라는 개념이 일반적 정의가 필요한 법과 어울리지 않아서다. 죽음이 개인의 문제라는 인식에서는 법안의 취지나 내 생각이나 똑같다. 그런데 이렇게 말하면 모순처럼 보일 수도 있겠지만, 죽음은 개인적인 것이면서도 동시에 완전히 개인적인 것으로 규정할 수 없는 집단적, 집합적인 면이 있고, 또 역사적인 면이 있다. 이런 측면이야말로 죽음을 생각할 때 대단히 중요한 요소다. 그러나 법안에는 이런 부분에 대해 아무런 언급이 없다. 임상 차원에서 죽음은 역시 개별성이 문제시된다. 사람에 따라, 상황에 따라 다양한 죽음이 있고, 그에 따라 다양한 대책이 있기에 이 문제를 획일적으로 다룰 수 없다.

윤리적 문제 혹은 역사적 문제로서 죽음을 생각할 때 우리는 그 의미에 대한 일반적인 해답을 내놓을 수 없다. 죽음은 한 사람이 이 세상에 왔다가 떠나는 과정에서 일어나는 최후의 사건이며 수십 년을 지속하며 일어나는 사건이다. 우리가 사는 동안에는 누구도 죽음을 경험할 수 없다. 죽음은 한 사람의 인생 안에 있는 동시에 그것을 넘어서는 곳에 있다. 그것을 넘어섰다는 것은 결국 역사적 과제이며 형이상학적 과제라는 측면을 내포한다는 것이다. 결국, 죽음은 내 것인 동시에 내 것이 아닌 무엇이다.

현대 자본주의 세계에서는 모든 것이 교환할 수 있는 대상으로 계량되고 그 가치가 판단된다. 인간의 죽음 또한 다른 것과 교환할 수 있는 사건으로 간주하는 경향이 있다. 자기 죽음에 대한 결정, 죽음이 자기 책임이라는 사고방식의 근저에는 상품의 매매가 자기 결정, 자기 책임으로 이루어진다는 맥락이 있지만, 죽음은 원래 그런 맥락에서 벗어난 사건이다. 우리는 좀처럼 자기 죽음을 인정하지 않으려고 한다. 이런 태도의 의미를 깊이 생각해보면, 간단히 사망선택유언에 서명하지는 않을 것이다.

화제가 지역의 소멸에서 인간의 죽음으로 이어져 다소 혼란스러워졌다. 우리는 살아가면서 눈으로 보거나 손으로 만지는 등 실제로 체험할 수 있는 것에 기대서 가치를 판단하고 모든 것을 자기 스스로 결정한다고 믿는다. 그러나 진짜 중요한 것은 우리가 눈으로 볼 수 없는 역사적 축적물 속에서 잠자고 있다는 사실을 말하고 싶다.

지혜로운 관례로서의 증여

사람은 자기보다 남을 위해 살아간다

내가 어머니와 아버지를 병구완하면서 배운 것은 이전에 배웠던 것과는 다소 이질적이었다. 그것은 누군가를 병구완한 경험이 없다면 인식하지 못했을 영역과 관련된, 어쩌면 인류학적이라고도 할 수 있는 사실이었다. 이렇게 말하면 이해하기 어렵겠지만, 간단히 말해 '나는 나를 위해 사는 것이 아니다'라는 사실을 체험을 통해 배웠다는 것이다.

아버지는 상태가 매우 위중하셨기에 온종일 침대에 누워 지내셔야 했다. 나는 작심하고 본가에 들어가 매일 아버지의 식사, 세탁, 배변, 틀니 세정, 목욕 등을 돌봤다. 낮에는 도우미가 아버지를 보살폈다. 아버지와 함께 아침을 먹고 나서 회사에 가고, 일이 끝나면 역 앞 슈퍼에서 장을 보고 돌아오는 날들이 계속됐다. 그때까지 나는 요리를 해본 적이 거의 없었다. 그러나 본가로 들어가자, 요리할 사람이 나밖에 없었기에 어쩔 수 없이 음식을 만들기 시작했다. 처음 만든 음식은 달걀부침, 비엔나소시지 구이, 샐러드와 된장국 등 간단한 것들이었지만, 아버지는 변변치 않은 음식을 '맛있네, 맛있어' 하며 드셨다.

익숙해지는 현상에는 꽤 신기한 구석이 있다. 나는 한 번도 요리를 배운 적이 없었지만, 실력이 조금씩 나아졌다. 햄버거, 만두, 양배추 요리, 바냐 카우다 샐러드, 나중에는 후식까지 만드는 정도가 됐다. 아버지는 이 음식을 모두 즐겁게 드셨다. 그런데 아버지가 돌아가시자 나는 요리를 그만두었다. 음식을 만들어야 할 상황이 되더라도 집에 있는 재료로 대충 만들거나 인스턴트 음식으로 배를 채우던 시절로 돌아갔다. 아버지가 살아 계실 때처럼 맛있는 음식을 만들려고 노력할 기분이 사라졌기 때문이다.

이처럼 묘한 기분 변화를 통해 내가 얻은 교훈은 '인간은 자신이 생각하는 것과는 달리 자신만을 위해 살지 않는다'는 뜻밖의 사실이었다. 아무런 보상도 없었지만, 아버지를 위해 무엇인가를 할 때 실행력이 최대화하는 현상에 나 자신도 놀랐다. 내가 나를 위해 살지 않는다면, 대체 누구를 위해 사는 것일까? 나는 어떤 존재일까? 여기에 인류학적인 깊은 의미가 있는 것 같다. 2년간 부모님을 병구완하면서 내 안에서는 신기한 힘이 용솟음쳤다. 그 신기한 힘에 이 의문을 풀 열쇠가 있다고 생각한다.

무상으로 받은 것은 돌려줘야 할 의무가 있다

나는 당시에 대학원에서 비즈니스 이론을 강의했기에 관련 서적들을 읽고 있었다. 그리고 등가 교환과 증여교환의 기원적 의미를 살피기 위해 프랑스 민속학자 마르셀 모스의 『증여론(Essai sur le don)』을 읽었다. 전에 이미 읽은 책이었지만, 아버지 병구완 중에 읽자 '증여'라는 말이 전과는 달리 뼛속 깊이 파고드는 느낌이 들었다.

상대에게서 무엇인가를 증여받은 사람은 받은 것을 그에게 되갚지 않고 제삼자에게 줘야 한다. 증여물은 제삼자로부터 당사자에게 다른 형태로 돌아오고, 다시 형태를 바꿔 최초의 증여자에게로 돌아간다는 마오리족의 관습이 특히 그러했다. 마오리족은 증여받은 것을 무시하면 액운이 따르고, 심지어 죽을 수도 있다고 믿는다. 이런 기묘한 교환을 통제하는 것은 물건에 깃든 하우(hau), 일종의 영적 능력이다. 처음 이 책을 읽었을 때 나는 모스가 무엇을 말하고 싶어 하는지 정확하게 이해할 수 없었다. 단지 주술적인 제의에 관한 관찰 정도로 읽었을 뿐이다. 그런데 신기한 점은 아버지를 병구완하며 읽었을 때 마치 하우와 직접 접촉한 기분이 들었다는 것이다.

내가 아버지를 병구완한 것은 거기에 '의무 같은 것'이 있음을 감지했기 때문이다. 이런 '의무 같은 것'은 어떤 권력자나 법률가가 정한 것이 아니다. 조금 과장해서 말하자면, 내가 존재하는 사회를 존속시키기 위해 끼워 넣어진 인류사적 지혜의 율법 같은 것이 내게 명령한 듯했다. 증여를 통제하는 것은 과거부터 이 세상에 잠재되어온 마오리족의 하우 같은 '지혜의 율법'일 것이다.

생각해보면, 태양광도 풍부한 수량도 자연이 우리 사회에 제공하는 무조건적인 증여인 셈이다. 그런데 현대인은 그것을 단지 착취할 뿐이다. 모든 사업에는 자연의 증여가 포함돼 있고, 마오리족의 율법을 따른다면 자신이 받은 증여는 반드시 갚아야 한다. 왜 마오리족은 하우를 믿을까? 어쩌면 마오리족의 하우는 종족을 존속시키고 대를 이어가는 데 필요하기에 선대에서 증여받은 지혜일 것이다. 하지만 우리가 사는 이 문명사회에서 마오리족이 믿는 하우 같은 것을 찾기는 불가능해 보인다.

그러나 내가 아버지의 병구완과 마오리족의 풍습을 통해 얻은 교훈을 따른다면, 약자에 대한 지원은 현대인이 생각하는 것과 같은 자비심에서 비롯한 것이 아니다. 그것은 일찍이 연약한 유아에 불과했던 자신에게 제공됐던 증여를 제삼자에게 전해야 하는 의무다. 왜냐면 이런 의무를 실천하는 것은 사회 자체의 존속을 위해 무엇보다 중요한 태도이며, 이를 통제하는 것은 먼 선조 때부터 이어지는 '지혜의 율법'이기 때문이다. 왠지 주술사 같은 어투가 돼버렸는데, 당시에 나는 그렇게 생각할 수밖에 없는 어떤 힘을 느꼈다.

얼굴 없는 소비자

기호화, 수치화된 소비자

스위스 작가 이사벨 홀랜드의 소설 『얼굴 없는 남자(The Man Without a Face)』는 멜 깁슨이 감독, 주연을 맡아 「더 페이스(The Face)」라는 제목으로 영화화됐다. 과거에 사고로 얼굴에 큰 상처를 입은 교사와 고독한 소년의 이야기가 사람들의 심금을 울렸다. 정치 세계에도 얼굴 없는 남자가 있었다. 과거 동독의 국가 보안국 비밀경찰의 대외 첩보부를 누가 조종했는지 서방 세계뿐 아니라 동독 국민조차 알 수 없었다. 구 동독 고급관료였던 마르쿠스 볼프는 오랜 기간 이름도 얼굴도 알려지지 않았지만, 확실히 존재하는 '얼굴 없는 남자'로 활동했다. 이들은 모두 부득이하게 익명의 존재가 됐는데, 익명성 뒤에 숨어 위협적인 상황으로부터 자신을 보호하려고 했다.

이상하게 들릴지도 모르겠지만, 오늘날 우리는 모두 '얼굴 없는 남자'다. 현대 사회에서 얼굴 없는 남자란 개성 없고 평범하며 언제 어디서나 교환 가능한, 누구도 그 얼굴을 기억하지 못하는 인간을 의미한다. 그런 인간이 있을 리 없다고 생각하겠지만, 트위터나 페이스북에 등장하는 수많은 익명의 인간은 자신을 개별적으로 규정할 얼굴도 이름도 없는 인격을 선택한다. SNS에서 익명 사용의 장단점은 실명 사용의 장단점에 역으로 대응한다. 즉, 얼굴을 드러내고 발언하면 정치적 적대자나 질투하는 사람들의 표적이 될 위험이 있지만, 익명을 사용하면 그런 위험을 회피할 수 있다. 역으로 '익명'이라는 교환 가능한 아바타가 획득한 평판과 영예는 실명으로 얻을 수 있는 자존감을 충족할 수 없다. 얼굴도 이름도 없으면 자기 발언에 대해 책임을 피할 수는 있으나, 책임을 회피한 만큼의 '다른 것', 일반적으로 존재하는 그 무엇을 얻을 수는 없기 때문이다. 익명의 존재는 인터넷에서만 존재하지 않는다. 도시 공간에서 상품과 돈을 끊임없이 교환하는 우리 같은 소비자들이야말로 익명성에 의해 '소비자'가 되지 않았을까? 대량 생산, 대량 소비가 지배하는 대도시 시장에서 소비자는 단지 기호이며 수치에 불과하다. 우리는 시장에 투입된 상품이 없었다면 존재하지 않았을 화폐 운반인의 역할을 자각하지 못한 채 계속하고 있을 뿐이다.

어머니가 불편하신 다리로 동네 가게에 가시는 이유

현대의 소비자는 슈퍼마켓 계산대에서 판매자와 얼굴을 마주 볼 필요도 없다. 돈을 내고 상품을 가져가면 그만이다. 얼굴과 이름을 불가피하게 드러내는 경우는 '진상 손님(black consumer)'으로 지목됐을 때뿐이다. 진상 손님은 주의할 인물로 얼굴과 이름이 식별된다. 범죄자였던 사람이 인터넷에 자신의 범죄 이력이 남아 있는 것을 확인하면, 어떻게든 자신의 얼굴과 연계된 명예를 회복하려고 애쓰는 경우를 볼 수 있다. 영화의 주인공들은 최후에 자기 얼굴을 회복하고 인간성을 되찾는다. 과거 동독의 스파이는 나중에 스파이 소설의 모델이 돼 얼굴 없는 스파이에서 인간으로 돌아온다. 우리 얼굴 없는 소비자들은 어떻게 자기 얼굴을 되찾을 수 있을까?

예전에 동네 가게에서 매일 물건을 샀던 사람들은 익명의 소비자가 아니었다. 물건 파는 사람들은 한 사람 한 사람 손님의 안색을 살피면서 그들에게 무엇이 필요한지 알아차리고, 그들과 대화하면서 가족 소식이나 동네 소문을 주고받는 안면 있는 이웃이었다. 나의 어머니는 만년에 불편한 다리를 끌고 매일 장바구니 카트를 밀며 동네 가게로 가셨다. 나는 어머니가 돌아가시고 나서 어머니 옷장에 포장도 뜯지 않은 옷과 속옷이 꽤 많이 있는 것을 발견하고 적잖이 당황했다. '왜 그러셨을까?' 하는 의문이 들면서 어머니의 얼굴이 떠올랐다. 그리고 곧바로 어머니의 이 이상한 행동을 이해할 수 있었다. 어머니는 소비자로서 단지 물건을 사기 위해 가게에 가셨던 것이 아니라 거기에 보고 싶고, 함께 이야기를 나눌 사람들이 있어서 가셨던 것이다.

인터넷에서 교환하는 위험한 말과 화폐의 관계

생생한 신체감각과 결합되지 않은 익명의 말

오래 살수록 보고 싶지 않아도 어쩔 수 없이 보게 되는 것들이 있다. 언론에 매일 보도되는 끔찍한 사건들을 보면, 인간은 내가 알고 있는 어떤 동물보다도 기묘한 충동에 휩싸여 때로는 예측할 수 없는 행동을 하는 이해할 수 없는 존재라는 사실을 다시 한 번 깨닫는다. 인간이 저지른 기묘한 행동을 보고 그저 어리석다고 치부해도 그만이겠지만, 인간은 어리석다는 것을 알면서도 그런 선택을 하는 존재다. 인간은 누구도 스스로 생각하는 것만큼 자신을 이해하지 못하는 것 같다. 아니, 자신을 잘 안다고 생각할수록 때로 이해할 수 없는 행동을 한다.

인간의 이런 알 수 없는 면은 무엇보다도 언어 사용에서 적나라하게 드러난다. 인터넷 댓글을 보면 어떻게 그토록 악의에 가득 찬 말들을 토해 내는지 당혹스럽다. 트위터와 페이스북 같은 SNS에서는 이 세상 인간들의 자기 고백이 끊임없이 이어진다. 트위터 글쓰기에서는 140자 이내라는 제한이 있어서 복잡한 토론은 할 수 없다. 트위터는 가설을 세우고 논증하는 치밀한 담론의 장이 아니다. 누군가가 글을 올리면 거기에 댓글을 달거나 리트윗한다. 나도 트위터를 일기 대용으로 이용하는데, 그날 먹은 음식, 건강 상태, 영화와 책에 대한 감상 등을 짧게 적곤 한다. '팔로워'라고 부르는 독자 수가 많으면 트위터는 강력한 홍보 수단이 될 수 있어서 자기와 관계있는 이벤트라든가 자기가 쓴 책을 알리는 데 이것을 활용하기도 한다.

트위터에 정치적인 글을 올리면 반응이 놀랄 정도로 뜨겁다. 호의적인 의견도 있지만, 같은 정도로 반감을 표시하는 글도 있다. 정치적 견해에 관해서는 이견이 있는 것이 당연하다. 그러나 SNS에서 흔히 볼 수 있는 것은 엄밀하게 말해 이견이 아니다. 어떤 주장을 반박하는 이견에는 그 주장이 논의를 이끌어 가는 방식 어디에 문제가 있는지, 어디서 논리가 비약하는지를 입증하는 절차가 필요하다. 140자의 토로는 정치적이기는 해도 논리적인 것은 아니다. 그래서 혼잣말에 가까운 토로에 불과하고, 이에 대한 반응은 이견이라기보다 반감이며 '감정적인 잡설'이라고 해도 좋을 것이다.

"너 같은 놈은 입 다물어라."라든가 "바보 같은 놈이 말도 제대로 못한다."라든가 "머리가 어떻게 된 거 아니냐?"는 등 욕설에 가까운 반응의 특징은 상대를 깔보는 태도다. 만약 얼굴을 맞대고 이런 말을 한다면, 주먹다짐이 오갈 것이다. 알지 못하는 사람을 심하게 얕잡아보는 언어 사용도 우리 세대에서는 찾아볼 수 없었던 풍습이다. 그런데 이처럼 건방진 태도로 잡스러운 말을 해대는 사람의 프로필을 보면 자기보다 나이가 수십 년 어린 경우도 흔하다. 익숙해지면 별것 아니지만, 처음에는 나도 몹시 놀랐다. 살아오면서 듣고 싶지 않았던 말들이 인터넷에서는 범람하고 있다. 인터넷 언어가 왜 이렇게 거칠어졌는지 생각해볼 필요가 있다.

짐작할 수 있는 원인 중 하나는 이 같은 상황이 익명인 경우에 자주 벌어진다는 데 있다. 인터넷상의 익명성에 대한 논의가 있지만, 나는 익명성 자체에 대해서는 딱히 문제 삼을 것이 없다고 본다. 단지, 익명으로 무엇인가를 말할 때는 실명으로 말할 때와 명백히 다르다는 점에 유의할 필요가 있다. 익명으로 말할 때는 발화된 말이 신체로 뒷받침될 필요가 없다. 당연한 말이지만, 신체가 있는 존재로 세상에서 살아가려면 그에 따른 배려가 필요하다. 말을 한마디 하는 데에도 상대가 윗사람이라면 존칭어를 쓴다거나 일과 생활에서 관계성을 고려해야 한다.

현실 세계에서는 별로 관계없는 상대와 대화하는 경우가 그리 많지 않다. 그런 경우는 공공장소에서 명령이나 지시 같은 단순한 언어를 사용할 때나 상품을 교환할 때 정도다. 즉, 한정된 장소에 있지 않다면, 관계없는 상대와 대화할 일이 별로 없다는 것이다.

만능성이라는 점에서 공통점이 있는 익명성과 화폐

그런 의미에서 인터넷의 익명 언어는 화폐와 닮았다. 화폐는 상대를 선택하지 않고 상품과 교환되기 위해서만 유통된다. 땀을 뻘뻘 흘리며 얻어낸 결과물과 달리 신체성 없이 금융체계 안을 휘젓고 다니는 화폐는 격렬하게 유통되기만을 원한다. 다시 말해 화폐는 상품 교환을 시간과 장소의 제약에서 해방하고, 교환되는 양을 단숨에 증가시키기 위해서 존재한다. 인간의 발명품 중에서 가장 극적으로 인간의 생활을 변화시킨 도구인 화폐는 인간의 욕망을 자극하고 광기에 휩싸이게 하거나 투쟁의 원인이 되기도 한다. 화폐의 여러 특징 가운데 한 가지는 그것을 사용하는 인간의 속성이 화폐 자체의 성격을 바꾸지 못한다는 것이다.

덕성이 아주 높은 사람이 사용한 10만 원과 사기범이 사용한 10만 원의 가치는 완벽하게 동일하다. 화폐에는 그것을 사용하는 목적과 질적인 관계가 전혀 없이 오로지 그것이 지시하는 가치만이 의미 있을 뿐이다. 화폐를 가진 사람도 그것이 왜 만들어졌는지, 어떤 재료가 들어갔는지, 어떤 모양인지, 화폐에 새겨진 그림이나 문자가 어느 정도 가치가 있는지, 전혀 무관심하다. 단지 화폐가 지시하는 기호, 즉 액면가에만 관심 있을 뿐이다. 말하자면 화폐는 신체가 없는 익명의 인간처럼 실체 없는 기호로서만 존재한다. 그 기호에 의미가 있는 세계는 인간의 출생, 학력, 혈연과 무관하며, 단지 그 기호가 지시하는 숫자만이 상품시장에서 화폐의 힘을 상징한다.

오늘날 신체성을 상실한 언어가 화폐처럼 유통되면서 어떤 현상이 일어났을까? '악화가 양화를 구축한다'고 한다면 지나치게 단순한 표현일 것이다. 그러나 주간지 표제로 등장하는 표현을 보면 뭔가 심하다는 느낌이 들 수밖에 없다. 왜냐면 주간지 표제로 등장하는 말들도 인터넷에 유포되는 위험한 말들을 모방한 것처럼 보이기 때문이다. 정중한 언어, 예의 있는 언어, 겸손한 언어, 양질의 언어는 전부 가치를 상실하고 단지 언어의 강도만이 가치가 있는 것 같은 모양새다.

화폐를 사용하는 방법이 잘못되면 그 사용자가 끔찍한 곤경에 빠지듯이 인터넷 언어도 사용 방식이 잘못되면 인간을 파멸시킬 수 있다. 화폐는 때로 인간을 변화시킨다. 큰돈이 생기면 자신이 뭔가 강력한 힘을 갖추고 있는 것처럼 착각하는 사람들 예를 들 필요조차 없을 것이다. 그런 상황이 벌어지는 이유를 생각해보면, 화폐의 만능성에 주목하게 된다. 상품시장에서 화폐는 무엇이든 교환할 수 있는 만능 카드로 이 세상에 출현했다. 즉, 화폐에는 만능의 권력이 있다.

그러나 여기서 중요한 것은 화폐가 단지 상품시장에서만 만능이라는 사실이다. 화폐가 상품시장에서 떨어져 나온다면, 그것은 단지 종잇조각에 불과하다. 그리고 상품시장에서 화폐가 만능인 것은 상품시장에 출입하는 구성원들이 하나같이 화폐의 만능성을 완벽하게 인정한다는 믿기지 않는 이유밖에 없다. 예를 들어 조난한 배에서 화폐는 초콜릿 한 개와도 바꿀 수 없을 것이다. 또한, 물이 부족한 재난 지역에서는 거액의 돈보다는 물 한 병이 더 귀중할 것이다. 하이퍼인플레이션이 발생하면 화폐의 만능 신앙 자체가 붕괴한다. 화폐의 만능성은 상품시장이라는 토대 위에서 구축된 것이며 돈으로 살 수 있는 것은 가격표가 붙은 것뿐이다.

돈이 많아서 화폐의 만능성에 기대 권력을 행사했던 사람은 돈을 잃으면 쓸모없는 속물로 변한다. 으스대며 돈을 쓰고 남들 위에서 군림하려는 사람은 자신에게 저주가 쏟아진다는 사실을 모른다. 화폐가 시장에서 만능성을 획득한 이유, 만능 신앙이 생긴 이유는 화폐가 교환가치만이 있는 극단적인 상품이라는 점이다. 사용가치가 전혀 없는 상품은 화폐뿐이다.

많은 사람이 이 같은 화폐의 편리성을 인정하고, 화폐가 상품과 교환

된다는 사실만이 화폐에 권위를 부여한다. 어느 경제학자가 말했듯이 화폐가 화폐인 이유는 그것이 화폐로서 유통되고 있다는 사실밖에 없다.

인터넷에서 오가는 익명의 언어에 진정한 힘이 있는지는 잘 모르겠지만, SNS가 이 정도까지 확대된 한 가지 원인은 신체성 없는 언어가 일정한 힘을 갖추고 유통되는 공간이 있기 때문일 것이다. 인터넷에서 신체가 없는 익명의 언어가 힘을 발휘하는 것은, 화폐가 상품시장에서만 만능인 것처럼, 'IT 네트워크'라는 공간에서만 가능한 일이다. 그리고 하이퍼인플레이션이 화폐를 한순간에 종잇조각으로 만들어버리듯이 인터넷에 범람하는 언어도 순식간에 그 주술성을 잃어버릴 수 있다.

지금 인터넷에서 벌어지는 상황은 상품시장의 화폐 사용자가 화폐의 만능성을 자신의 만능성으로 착각하는 것처럼, IT 네트워크의 언어 사용자가 인터넷 언어의 만능성을 자신의 만능성으로 착각한 데서 비롯한다. 화폐가 상품시장에서 벗어나면 아무 가치 없는 종잇조각이 되듯이 인터넷 언어도 현실 세계로 나오면 의미 없는 소음에 불과하다. 이런 사실을 실감할 때만이 사람들은 인터넷에서 언어 사용에 특별한 의미를 부여하지 않게 될 것이다.

교육과 정의

교육을 들쑤시는 사람들

이미 지난 이야기지만, 당시 문부과학상이었던 다나카 마키코 씨가 개교 예정이었던 삿포로 보건의료대학, 아이치 현의 오카자키 여자대학, 아키타 공립미술대학의 신설을 허가하지 않아서 교육 현장에 혼란을 일으킨 적이 있었다. 그때까지 개교를 준비해왔던 관계자, 수험을 준비했던 학생들에게 폐를 끼친 것 같았다.

다나카 씨는 대학이 너무 많고 수준이 떨어진다는 이유를 들어 전체적이고 근본적인 대책이 필요하다는 식으로 말했다. 그것은 그때까지 진행됐던 신청과 심의 과정을 모두 무시한 돌발적인 설명이기는 했지만, 그 설명이 전혀 의미 없는 것은 아니었다. 인구가 감소하면서 많은 대학에서 정원 미달 현상이 생겼고, 이런 상황은 점점 더 심각해질 것이다. 지금 해야 할 일은 학교 신설이 아니라 어떻게 교육기관의 규모를 줄여 무리 없이 교육 체계를 유지할 수 있을지 지혜를 모으는 것이다. 사실 민주주의는 원칙보다 절차를 더 중요시하는 체계다. 현실 세계에서 원칙은 때로 흔들리고 생각지 못했던 혼란을 일으키며, 독선적인 이념은 무의미한 분쟁의 원인이 되기도 한다. 다나카 문부과학상의 이런 반응에는 민주주의 의사결정 과정을 소홀히 한 부분이 있다.

한편 아베 신조 당시 자민당 총재는 다나카 문부과학상에 대해 "이상하게 행동하는 형편없는 사람"이라고 비난했다. 아베 씨는 교육 개혁에 매우 열성적이어서 이전 내각 시절에는 '교육재생회의'를 야마다니 에리코 참의원 의원이 주도적으로 조직하도록 지원하면서, 근본적인 교육 개혁에 착수하게 했다. 그러나 이 조직의 구성원들을 보면, 교육 현장에 있는 교사들이 아니라 대부분 사업 관계자나 평론가들이어서 대체 어떤 관점으로 교육을 개혁하려는지 좀처럼 이해할 수 없었다.

다나카 씨와 아베 씨는 서로 화합할 수 없는 정치가처럼 보이지만, 교육과 관련해서 두 사람에게 공통된 점은 '근본적인 개혁'을 해야 한다고 생각한다는 것이다. 많은 정치가와 재계 인사가 상황을 개선하려고 교육 수준 문제를 거론했고, 특히 일본 교직원조합과 유토리 교육[9]이 교육 수준을 저하시키는 원인이라고 비판했다. 정치가와 재계 인사 들은 전후 일본 교육이 제도와 구조, 교원 선발 등 여러 면에서 실패했으며 그 결과 오늘날과 같은 꼴이 돼버렸다고 비판한다.

그러나 그들 또한 그런 교육제도에 따라 정치와 경제를 배웠으니 그들의 비판은 그런 교육을 받은 사람으로서 자신의 식견을 드러내는 셈이다. 수준 낮은 교육을 받았지만, 사신만은 예외적으로 피해 없이 극적으로 성공했다고 주장하고 싶은 것일까? 게다가 일본 교직원조합의 운동이 교사의 질을 저하시켰다거나 유토리 교육이 아이들의 경쟁력을 빼앗았다는 생각에 과연 타당성이 있을까? 나도 예순이 넘었고 일본 교직원조합 운동이 활발했던 시대에 초·중·고등 교육을 받았다.

그러나 나나 내 주변 지인들이 기억하기로도 정치적으로 편향된 교육을 받아서 사상이 왜곡됐다는 말을 들어본 적이 없다(그들은 지금 내가 쓰고 있는 이 글 자체가 왜곡된 교육의 결과라고 말할지도 모르겠다). 유토리 교육을 받은 세대도 이제 모두 성인이 됐는데, 그들이 특별히 국제적으로 수준이 떨어진다는 말을 들어본 적이 없다. 얼마 전에 읽은 기사에 나온 여러 국가의 학력 비교 자료를 보면 유토리 세대의 학식은 상당히 높은 편이었다. 나는 오히려 더 이타적이고 더 공공성을 존중하는 젊은이들이 점차 늘고 있다는 인상을 받는다. 그런데도 유토리 교육이 교육의 질을 저하시킨 근본 원

---

9) 餘裕教育: 일본에서 2002년부터 공교육에 본격적으로 도입했던 교육 방침으로 '여유 있는 교육'을 뜻한다. 주입식 교육을 지양하고, 학생의 창의성과 자율성을 존중하며 수업 시간을 줄였다. 그러나 정부는 기초학력 저하 등 부작용에 주목해 2007년 다시 학력 강화 교육으로 돌아갔다.

인인 것처럼 호도하고, 단정하는 태도는 공정하지 못하다.

교육에 문제가 있다면, 교과 과정과 수업 시간, 수업 내용보다 지나치게 경쟁 원칙을 강조한 결과로 학교 폭력과 자살로 이어지는 상황이 큰 문제라고 생각한다. 학력을 우선시해서 학생을 불행하게 하는 것이 올바른 교육일 수 없다. 한국은 가혹한 입시 경쟁이 낳은 선별 교육 때문에 자살률이 세계 1위라고 보도됐다.

어떻게 청소년을 교육해야 하는지는 논의가 필요한 문제지만, 임기가 정해진 정치가와 단기적 이익을 추구하는 사업자가 교육을 들쑤시는 데에는 반대한다. 인간이 만든 제도에는 들쑤실수록 파괴되는 것들이 있다. 호흡이 긴 '교육'이라는 제도와 그 안에서 형성된 관습에는 근시안적인 사업 논리나 정치 논리와 다른 자립적인 논리가 있다. 교육은 서비스도 아니고 사업도 아니다. 교육은 배우는 인간이 생각할 수 있게 해주는 영역이며 깊이 있게 사고할 기회를 부여하는 제도이기도 하다.

내가 강의하는 릿쿄 대학의 요시오카 도모야 총장은 얼마 전 대학원 졸업식 축사에서 "대학은 생각하는 '기술'을 습득하는 장소이며, '생각한다는 것'은 기존 사회가 인정하는 가치의 전제와 구조 자체를 의심한다는 점에서 본질적으로 반시대적·반사회적 행위"라고 말한 바 있다. 나는 이런 말을 지금의 각료들이나 아베 정권의 '교육재생실행회의'에서 들어본 적이 없다. 교육을 들쑤시는 사람들은 인간을 교육으로 개조할 수 있다고 생각하는 것 같다. 그러나 현실적으로 교육만큼 투입한 것(in put)과 산출된 것(out put)이 인과관계로 이어지지 않는 분야도 드물다. 조잡하고 질 낮은 교육을 받고 자랐어도 성실하고 주위를 배려하는 인물이 되는가 하면, 아무리 고급스럽고 훌륭한 가르침을 받았어도 악마 같은 범죄자나 사기꾼이 되기도 한다. 교육이란 그런 것이다. 좋은 재료를 쓰면 반드시 좋은 제품이 나오는 생산 과정과는 다르다. 그래서 교육자가 할 수 있는 일은 한정돼 있다. 교육으로 인간을 세뇌하는 것도 개조하는 것도 불가능하다. 극단적인 표현일지 모르겠으나 교육자가 할 수 있는 일은 배움이 어떤 것인지를 알려주는 정도다.

실제로 배우고, 지식을 쌓고, 사회에 유용한 가치를 제공하고, 기술에 정통해지는 것은 자신이 배우는 것의 의미를 깨친 뒤에 일어나는 일이며, 이처럼 손에서 손으로 전달되는 배움은 교육이라기보다는 오히려 소양이나 도제 체계의 훈련이라고 할 수 있다. 물론 이런 것도 넓은 의미의 교육이지만, 교육의 가장 본질적인 부분은 교육받는 사람이 배운다는 것이 무엇인지를 알고 스스로 배움을 시작할 기회를 제공하는 데 있다.

이런 배움의 장을 지금부터 어떻게 만들어가면 좋을까? 이것이야말로 사회구조가 격변하는 현재 일본에서 가장 중요한 문제다. 교육재생실행회의가 목표로 삼는 것을 단적으로 표현하면 '세계에서 경쟁할 수 있는 글로벌 인재'를 육성할 수 있는 교육체계다. 그렇다면 도대체 어떤 인재를 육성하려는 것인지 생각해보자. 영어를 잘하고, 자기 이익에 민감하고, 타인과의 경쟁에서 우위를 점할 수 있는 인간일까? 아니면 예절 바르고, 마음씨 착하고, 애국심이 풍부한 젊은이를 말하는 것일까?

모두 그 나름대로 좋은 교육이 될 수 있지만, 유용성을 목표로 삼는 교육이 놓치는 것이 한 가지 있다. 그것은 실제로 교육 현장에서 생긴 성과는 그들이 생각하는 것보다 훨씬 다양하며, 때에 따라서는 상상의 범위를 훌쩍 뛰어넘기도 한다는 것이다. 교육 체계를 근본적으로 변화시키려는 사람들이 실제로 시도하는 것은 교육의 근본적인 가치에서 멀리 벗어나 오로지 획일화된 인재를 대량으로 생산하는 것뿐이다.

정의와 파시즘

여기서 2013년에 공개된 미야자키 하야오 감독의 장편 애니메이션 영화 「바람이 분다(風立ちぬ)」를 본 감상을 이야기하고 싶다. 스튜디오 지브리가 제작한 애니메이션 영화에 열광하는 팬이 많지만, 나는 지금까지 특별히 챙겨 보지는 않았다. 그래도 이 영화는 어쨌든 봐야 할 것 같은 기분이 들었다. "바람이 분다! … 살아봐야겠다!"[10]라는 프랑스 시인 폴 발레리의 시구에서 강한 흡입력을 느꼈기 때문이다. 물론 이 시를 번역한 '호리 다쓰오'라는 소설가에게도 관심이 있었다. 어쨌든 이 시구가 영화에서 어떻게 형상화되는지 보고 싶어서 영화관을 찾았다.

영화는 제로기[11] 설계 주임이었던 '호리코시 지로'라는 인물의 반생을 축으로 전개되는데, 묘하게 차분하다.

영화에서는 미야자키 하야오 감독의 반전적인 분위기가 직접적으로 드러나지도 않았고, 전쟁의 비참함이 묘사되지도 않았다. 도쿄대공습[12]과 관동대지진[13] 등의 장면은 있지만, 전체적인 인상은 전쟁 전 쇼와 시대 일

---

10) 폴 발레리의 시 「해변의 묘지(Le cimetière marin)」에 나오는 한 구절, Le vent se lève! … il faut tenter de vivre!

11) Zero Fighter(零式艦上戦闘機): 제2차 세계대전 때 활약한 일본 해군의 함상 전투기로서 '제로 전투기'라고도 한다. 제식 이름은 영식함상전투기(零式艦上戦闘機)이며 일본 해군은 주로 '제로센(零戦)'으로 불렀다. 태평양전쟁 초기에는 미국 전투기를 압도하여 일본의 승리에 이바지했으나 미국이 F6F 등 신형 함상전투기를 개발하면서 제공권을 빼앗겼고, 제2차 세계대전 말에는 가미카제 특공대가 자살 공격을 하는 데 사용했다.

12) 제2차 세계대전 말 도쿄에 대한 미국의 대규모 전략 폭격. 106회에 달하는 폭격이 있었는데, 특히 1945년 3월 10일의 공습을 '도쿄대공습'이라고 부른다. 이날 공습으로만 10만 명이 넘게 사망했다.

13) 1923년 9월 1일 일본 간토 지방을 중심으로 발생한 7.9도의 지진. 12만 채의 가옥이 무너지고 사망

본의 아름다운 산과 전원에 그림자를 드리우며 흘러가는 구름, 단정한 거리 모습과 그곳을 왕래하는 사람들의 친숙한 분위기를 느낄 수 있다는 정도였다. 나는 이 영화를 보고 미야자키 감독이 전쟁 전 쇼와 시대의 아름다운 일본에 깊은 애정을 품고 있음을 확신했다. 특히, 화면에서 한 점의 과잉도 찾아볼 수 없었다.

아름다운 비행기를 만들겠다는 호리코시의 꿈은 순진무구하다고 해도 좋을 소년의 꿈(그것은 아름답기도 하고 독선적이며 잔혹하기도 하다)이며, 꿈의 실현을 위해 전력을 다하는 청년 호리코시의 풍모 또한 전쟁 전 쇼와 시대에 청춘을 지낸 건전한 일본인의 모습을 보는 듯한 느낌이 들었다.

영화는 시처럼 아름다울 뿐, '제로기'라는 전시의 무기가 환기하는 사회적 배경에 대한 성찰은 전혀 없다. 특별히 내세운 극적인 요소도 없이 한 시대의 소시민적 생활을 담담하게 그린 이 작품에 대한 평가는 크게 상반되는데, 나는 전쟁 전 쇼와 시대 분위기를 진하게 느낄 수 있어서 충분히 만족했다. 이 영화에 대해 NGO 법인 일본 금연학회는 영화제작자에게 '흡연 장면이 너무 많아 문제가 있다'며 이 부분을 고려해달라는 요청서를 보냈다. 이런 행동에 대해 잠시 생각해보자.

이 요청을 둘러싸고 찬반양론이 인터넷을 뜨겁게 달궜다. 저명인사에서부터 일반인에 이르기까지 흡연자와 비흡연자를 망라해 소동이라고 해도 좋을 만큼 소란했던 것을 기억하는 사람이 많을 것이다. 일본 금연학회 같은 단체가 이 영화를 문제 삼아 요청서를 보낸 것은, 내용이야 어쨌든 이

자와 행방불명자가 40만 명에 달하는 등 극심한 사회적 혼란이 발생했다. 제2차 야마모토(山本) 내각은 계엄령을 선포하며 사태 수습에 나선 한편 한국인과 사회주의자에 대한 악의적인 소문을 퍼트려 재일 한국인들이 학살당하기도 했다.

해하지 못할 일은 아니다. 왜냐면 이 단체는 금연 압력을 통해 사회에서 흡연을 없애는 것이 목적이므로 그들에게는 그것이 당연한 행동이었을 것이다. 이 단체는 다른 영화에 대해서도 이런 요청서를 보내거나 항의해왔다. 그들은 작품의 내용에 대해서는 전혀 관심 없다.

나는 이 단체의 체질이 과격한 포경(捕鯨) 반대 활동으로 잘 알려진 국제 환경보호단체 그린피스와 유사하다고 생각한다. 양쪽 다 자신의 신념에 따라 사회정의를 실현한다는 의식이 뚜렷하고, 금연 운동과 포경 반대 운동은 표현의 자유와 생활권의 중대한 사안이라는 생각으로 그렇게 행동하는 것처럼 보인다. 자, 이제 이 단체가 영화 제작자에게 보낸 요청서를 살펴보자. 짧은 내용이라 전문을 인용한다.

"영화 「바람이 분다」에 나타난 담배 묘사에 관해 고언을 하고 싶습니다. 현재, 일본을 포함해 177개 국가가 비준한 담배규제 기본협약 13조는 모든 미디어에 담배 광고·선전을 금지하고 있습니다. 이 조항을 준수한다면, 이 작품은 협약 위반에 해당합니다(별책 참조 바람). 이 영화에는 교실에서 흡연하는 장면, 직장에서 상사를 포함해 여러 직원이 흡연하는 장면, 고급 리조트 호텔에서 흡연하는 장면 등 다수의 흡연 장면이 나옵니다.

등장인물이 폐결핵으로 누워 있는 아내의 손을 잡고 흡연하는 묘사는 특히 문제가 됩니다. 부부의, 아내의 심리를 묘사할 목적으로 삽입한 장면인데, 왜 이 장면에서 담배를 피워야만 했을까요? 같은 내용을 다른 방법으로도 충분히 표현할 수 있었을 것입니다. 또한, 학생이 "담배 좀 줘!"라며 친구에게 담배를 얻는 장면은 미성년자의 흡연을 조장하고, 국내 '미성년자 흡연금지법'에도 저촉될 소지가 있습니다. 실제로 영화 상영 기간에 초등학생을 포함해서 많은 어린이가 영화관에 왔습니다. 과거를 배경으로 한 영화라지만, 여러 부분에 나오는 흡연 장면이 아이들에게 끼칠 영향을 무시할 수 없습니다.

누구나 알고 있는 유명 기업인 귀사가 어떤 이유로 법률과 협약을 무시하는 것입니까? 기업의 사회적 책임이 다양한 영역에서 무시되고 있는 오늘날, 간청하건대 귀사는 법령을 준수하며 영화 제작에 임하시기 바랍니다. 아울러 귀사를 비방하려는 목적은 전혀 없으며, 귀사가 앞으로도 계속 번영해서 영화 애호가들을 기쁘게 하는 작품 제작에 임하시기를 진심으로 희망합니다. 이런 취지를 이해하고 영화를 제작하실 때 흡연에 대해서도 특별한 주의를 간절히 요망하는 바입니다."

나는 이 글을 읽었을 때 이 사람들의 시야가 좁고 영화적 표현과 동떨어진 지적을 하는, 어찌해볼 도리가 없는 사람들이 아닌가 하는 생각이 들었다. 실제로 인터넷에서는 비난이 쏟아졌지만, 뜻밖에도 이런 요청서를 지지하는 의견도 많았다. 지금도 이런 의견을 종종 듣게 되는데, 사회운동이라는 것이 고작 이런 것인가 하는 회의가 들 정도다. 이 사태에서 배운 점이 있다면, 자신이 내세우는 정의가 과연 어떤 결과로 이어지는지를 조리 있게 분별하는 능력이 매우 중요하다는 사실이다.

그들의 주장을 따르면, 이 영화는 현재 177개국이 옹호하는 담배규제 기본협약을 위반한 것처럼 보인다. 정확히 말하면 '담배에 관한 세계보건기구 규제 기본협약(WHO framework convention on tobacco control)'인데, 일본 금연학회는 이 영화가 협약의 13조를 위반했다고 주장한 것이다. 그렇다면 그 협약의 제13조는 어떤 내용을 담고 있을까? 나는 인터넷에 나와 있는 조약의 일본어판을 찾아서 읽어보았다.

협약 제13조 제2항에는 "체약국은 자국의 헌법 또는 헌법상의 원칙에 따라, 모든 담배 광고, 판매 촉진 및 후원을 포괄적으로 금지한다."고 명시돼 있다. 또 제4항에는 "라디오, TV, 인쇄 매체와 그 밖의 다른 매체(예를 들어 인터넷)에서의 담배 광고, 판매 촉진 및 후원에 관해서는 5년 이내에 포괄적인 금지를 시행하고, 자국 헌법 혹은 헌법상의 원칙에 따라 포괄적인 금지를 시행할 수 없는 체약국의 경우에는 제한을 둔다."고 돼 있다.

그러나 이런 언급은 담배의 광고, 판매 촉진, 후원에 관한 내용일 뿐, 영상 표현에 흡연 장면을 넣을 수 있느냐 없느냐는 문제와는 별개임이 명백하다. 미야자키 감독의 영화 후원사 중에서 담배 관련 회사는 없다. 도대체 이 단체는 「바람이 분다」에 나오는 흡연 장면의 어느 부분이 협약 위반이라고 주장하는 것일까? 원래 흡연에 반대하는 단체여서 자기네 활동의 근거로 협약을 들먹이고 있지만, 협약을 읽어봐도 영화 속 흡연 장면이 국제협약을 위반했다고 말하기에는 무리가 있다. 그런데도 견강부회해서 협약 위반이라고 주장하는 것은 이 단체가 스스로 정의를 실현하고 있다는 강한 신념을 품고 있기 때문인 것 같다.

그런데 사회에서 흡연을 퇴치하려는 것이 과연 정의로운 일일까? 흡연 퇴치가 정의로운 일이라면 흡연은 악이어야 하는데, 흡연을 악이라고 할 수 있을까? 어떤 사람은 내게 네가 흡연자니까 그런 생떼를 쓰는 것 아니냐고 말할지도 모른다. 물론 우리는 담배가 신체에 나쁜 영향을 끼친다는 사실을 잘 알고 있다. 그래서 되도록 담배를 끊거나 줄이려고 노력한다. 하지만 담배가 몸에 좋지 않다고 해서 흡연을 악으로 규정할 수는 없다는 것은 두말할 필요도 없다.

흡연이 피해를 주기 때문에 규제해야 한다는 의견은 과거에도 있었다. 당시에 주장은 "담배는 자기 건강에도 좋지 않고, 비흡연자에게 간접흡연의 피해를 주므로 끊는 것이 좋다."거나 "담배로 이윤을 얻는 쪽에서는 담배를 선전할 때만 담배의 해악을 언급한다."는 정도였다. 그런데 담배를 규제하는 기본 협약이 등장하고 많은 국가에서 이를 옹호하는 상황을 보면, 의료비나 보험 등 여러 가지 요인을 고려해도 '담배는 사회악'이라는 통념이 정착되고 있는 듯하다.

하지만 문제는 그 이전에 있다. 백 보 양보해서 담배가 '사회악'이라고 인정해도, 이를 없애기 위해 흡연자를 악인이나 병자로 몰아세우고, 영화와 문학작품의 흡연 장면까지 삭제해서 청결하고 청정한 사회를 확립하려는 것은 정의로운 일이고, 이런 정의가 실현된 사회야말로 살기 좋은 사회라고 말할 수 있을까? 나는 이런 사회가 답답하고 왜곡된 사회라고 생각한다. 왜냐면 사람이 인생을 살아가는 데 몸에 해로운 것이 얼마든지 많은데, '청정한 사회'라는 명분을 지나치게 내세우면 몸에 나쁜 알코올을 파는 술집 주인도, 배기가스를 배출하는 자동차 운전자도, 쓰레기가 생기게 하는 포장 용기 제작자도 공격받을 각오를 해야 한다.

미성년자 흡연금지, 공공장소에서 흡연금지, 담배 연기가 타인에게 피해를 주지 않게 하는 배려, 뭐, 이 정도가 타당한 수준이 아닐까? 이 수준을 넘어가면 담배 소탕전이 돼버리고, 이 전쟁을 정당화할 정의의 깃발이 필요하다는 사실을 역사가 보여준다. 파시즘은 전체 공동체를 하나의 사상으로 정리하는 방식으로 완성됐다. 파시즘은 오염을 혐오한다. 물론 오늘날 금연 압력을 파시즘과 동일시하는 것은 아니지만, 파쇼 같은 행동은 아닌지 걱정스럽다.

파시즘에 대한 정의는 사람에 따라 다양하지만, 파시즘이 무엇을 싫어하는지는 이견의 여지 없이 분명하다. 그것은 개인의 자유를 중시하는 개인주의, 다문화주의, 평등주의 등이다. 인간은 자발적으로 정의를 실현할 정도로 완벽한 동물이 아니다. 이런 생각을 전제로, 문제가 커지지 않으려면 불쾌한 주변 사람들과도 공존할 수 있도록, 자신이 타인과 다르듯 타인 또한 자신과 다르다는 사실을 인정해야 한다. 바로 그런 과정에서 민주주의가 발전했다고 해도 틀린 말이 아니다. 민주주의를 실현하려면 보편적이고 모범적인 본보기는 없는 편이 낫다. 사람마다 다양한 모습으로 살아가는 것이 바람직하지 않을까? 이것은 나만의 독단적 생각인지 모르겠지만, 어쨌든 나는 파시즘을 무엇보다도 혐오한다.

빵과 서커스에 놀아나는 사람들

동질성 압력이 강한 나라 일본

조금 시간이 지났지만, 2020년 하계 올림픽의 도쿄 유치가 결정됐을 때를 떠올려보자. 그날 이후로 신문, TV 방송, 인터넷 언론 등 모든 기관이 축하 일색이었고, 비판적인 논평은 갑자기 사라졌다. 아니, 비판할 수 없는 분위기가 만연했다. 트위터와 페이스북에 올림픽 도쿄 유치에 대해 회의적인 글이라도 쓰면, "넌 기쁘지 않다는 거냐?", "이상한 놈이네!", "기분 나빠!" 등 비난하는 댓글이 무더기로 달리곤 했다. 뭐, 이런 정도라면 봐줄 만한데, '일본 국적 포기해라!', '일본을 떠나라!', '죽어라!' 같은 말도 서

습없이 올라왔다. 올림픽 대정익찬회[14]의 분위기가 충만한 상태였다.

언론 보도를 보면, 아베 총리는 올림픽 유치 프레젠테이션에서 "원자력 발전소는 통제되고 있다. 건강 문제는 지금까지 없었고, 현재에도 없으며, 앞으로도 없을 것이다. 오염수는 0.3제곱킬로미터 안에서 차단된 상태다."라고 말했다. 나는 이런 말을 들으면서, 이렇게 큰 세계무대에서 태연하게 거짓말을 해도 괜찮은지 놀라지 않을 수 없었다. 결과적으로 IOC는 2020년 올림픽 개최지로 도쿄를 선정했다. 그러자 아베 총리 발언의 진실성에 대한 보도는 깡그리 사라졌고, 단지 올림픽 덕분에 큰 경제 효과를 보리라는 선전과 기대가 모든 비판을 잠재워버렸다.

중학생 시절이었던 1964년 도쿄올림픽 마라톤 경기를 국립경기장에서 본 나는 다시 한 번 올림픽 경기들을 가까이서 관람하고 싶은 마음이 들기도 한다. 그리고 올림픽 유치를 기뻐하는 사람들에게 찬물을 끼얹을 생각은 전혀 없다. 단지 인구가 과도하게 밀집한 도시 도쿄에서, 그것도 후쿠시마 원자력발전소 사고가 제대로 수습되지 않은 상황에서 상업화한 올림픽을 기꺼워할 기분이 들지 않을 뿐이다. 이전 도쿄올림픽에서 내가 가장 감동했던 행사는 폐회식이었다. '동양의 마녀'라고 부르던 여자 배구팀과 여자 역도선수가 금메달을 받은 것도 감동적이었지만, 폐회식의 감동은 당시 스포츠 내셔널리즘이 불러일으킨 분위기와는 또 다른 것이었다.

당시는 전후 19년째 되던 해로 일본은 민주화됐고 경제 발전도 어느 정도 이루었지만, 스포츠 세계에서는 일사불란한 군대식 통솔 방식을 미화하는 분위기가 여전히 짙게 깔렸었다. 개회식의 아름다움은 각국 언론

---

14) 大政翼贊会: 1940년대 초·중반 독일의 나치당을 모델로 일본에서 '일국일당(一國一黨)'을 주장한 공적 결사.

이 그 군대식 절도와 통솔이 보여준 아름다움을 언급할 정도로 정연했다. 그러나 폐회식에서 대열은 무너졌고, 국적도 성별도 나이도 서로 다른 사람들이 같은 공간에 자유롭게 존재하는 것을 즐거워하며 목소리를 높이고 춤을 추며 갑갑한 규율에서 벗어난 것을 즐기는 것처럼 보였다. 당시에 맛본 해방감은 그때까지 우리가 경험해보지 못한 것이었다.

일본인은 아직도 '자유'가 무엇인지 진정으로 이해하지 못하는 것 같다. 당시 폐회식의 광경을 보았을 때 가슴이 뛰고 바로 이런 것이 자유가 아닐까 하는 생각이 처음으로 들었다. 당시 내가 느꼈던 '자유'라는 이질적인 상태의 수용을 요즘 언어로 표현하자면 '다양성의 인정'일 것이다. 일본은 동질성 압력이 심한 나라다. 농촌은 그런 경향이 특히 강하고 돌출적인 행동을 하거나 생활양식이 다르면 눈총을 받는 상황을 경험한 사람도 많을 것이다.

다양성의 장점을 잃어서는 안 된다

1964년 도쿄올림픽이 우리에게 준 선물 중 하나는 인간이 각자 달라도 좋고, 기쁨과 슬픔을 자유롭게 표현해도 괜찮다는 관용을 체험하게 했다는 점이다. 세계는 다양하고, 다양한 사람이 공존하는 것이야말로 살아가는 기쁨을 배가한다는 사실을 배운 것이다. 이번 올림픽 유치가 마음에 걸리는 이유는 이런 다양성을 상실한 것처럼 보여서다. 올림픽이 도쿄에서 열리는 것을 반가워하지 않는 사람에게 '매국노', '비국민' 같은 표현을 함부로 쓰며 소외시키려는 분위기가 역력하다. 다양성을 인정하지 않는 분위기가 다시 일본에 퍼지는 듯하다.

고대 로마 시인 유베날리스는 『풍자시집』에서 대중이 열심히 찾는 것은 빵과 서커스뿐이라고 조롱했다. 오늘날 일본의 상황을 봐도 역시 빵(경제)과 서커스(오락)에만 관심이 있을 뿐이며 그 밖의 것을 생각하는 사람을 따돌리는 분위기가 만연하다. 내가 과민하게 생각하는지 몰라도 올림픽의 도쿄 유치를 비판하기 어려운 분위기인 것만은 확실하다. 또 하나 신경 쓰이는 것은 올림픽을 경제적 효과의 측면에서만 바라보려는 태도다. 천문학적 숫자를 TV에서 볼 때마다 진절머리가 난다.

만약 '경제 효과'라는 기준으로 올림픽을 평가한다면, 나가노 올림픽과 베이징 올림픽, 런던 올림픽을 전후해서 어느 정도의 효과가 있었고, 행사가 끝난 뒤에 시설이 현재 어떤 상태인지 검증해봐야 한다. 사회가 아직 발전도상에 있고, 경제가 급격히 성장하는 환경이라면 모르겠지만, 지금처럼 인구가 감소하는 저성장 시대에 경기 부양만을 위해 거금을 쓴다는 결정은 설득력이 없다. 지금 일본에서 진짜 돈이 필요한 곳은 다른 쪽이다.

최근 10년간 일본에서 일어난 심각한 문제는 고용 불안정, 소득 격차 확대, 중소기업 도산, 지방 경제 위축, 고령자의 급격한 증가 등 헤아릴 수 없이 많다. 소중한 세금을 개발도상국처럼 내셔널리즘의 고양과 국제적인 위신을 세우는 데 사용하는 것은 이제 불필요한 상황이다. 많은 사람이 경제 효과의 실태에 대해 상세하게 알고 있지 않다. 경제 효과를 거론하는 쪽은 기업과 특정 개발업자와 다국적 기업이며, 이들의 행태는 일종의 선동처럼 보인다. 설령 올림픽 개최를 통해 경제 효과가 생긴다고 해도, 원래 올림픽이라는 스포츠 축전을 경제 효과로 설명하는 것 자체가 본령에서 벗어난 태도이며 올림픽 정신(이것은 분명히 존재하는 것 같다)에도 어긋나지 않을까?

축제는 참가자들을 열광하게 하고, 그들에게 일체감과 단결심을 부추기는 효과가 있다. 그와 동시에 특정한 위정자들에게 축제는 유베날리스가 말한 빵과 서커스에 불과할 뿐이며 국민 통합을 위한 수단이 된다. 1964년 도쿄올림픽이 축제로서 의미 있었던 이유는 발전 단계에 있던 일본인들에게 세계를 보게 했고, 다양성이 무엇인지를 자각하게 하는 계기로 작용했다는 점이다. 이처럼 발전 단계에 따라 민주주의가 기능하지 않는 장소야말로 올림픽을 선택적으로 고려해볼 수 있다고 생각한다. 이렇듯 올림픽은 통합의 장치가 아니라 국민이 각성하는 기회가 될 때 더 빛나는 축제가 될 것이다.

시간에 대한 고찰

돈과 시간에 대한 원칙적 고찰

내가 쉰다섯 살이었을 때 어느 술자리에서 있었던 일이다. 당시에 꽤 화제가 됐던 회사의 사장이 내게 이렇게 말했다.

"히라카와 선생, 200억 원이 생기는 것과 20년 전 자신으로 돌아가는 것 중에서 하나를 고르라면, 어느 쪽을 택하시겠소?"

그는 200억 원이라는 물질적 가치와 20년 젊어진다는 전혀 다른 차원의 가치를 나란히 놓고 둘 사이의 선택에 관해 물었다. 현실성 없는 질문이긴 했지만, 술자리 분위기도 있고 해서 그냥 무시할 수 없었다. 대답을 너무 오래 끌면 술맛이 떨어질까 봐 내심 걱정스럽기도 했다. 그런데 그의 질문에서 뭔가 강한 흡인력이 느껴져서 나는 잠깐 생각에 잠겼다. 20년 전이라면 서른다섯 살 때로 돌아간다는 말이었다. 그 시절 내게는 인생의 분기

점이 될 만한 몇 가지 일이 있었고, 그때 선택에 따라 지금과는 전혀 다른 인생을 살고 있을 수도 있었다.

'만약, 내가 지금의 식견으로 서른다섯 살 시절로 돌아간다면⋯'

시간이야말로 과거의 클레오파트라나 진시황제부터 오늘날 대부호와 대스타들에 이르기까지 권세를 손에 넣은 사람이면 누구나 원하는 것이 자, 돈으로 살 수 없는 대표적인 것이다. 그러나 이 질문이 발휘하는 흡인력은 조금 다른 곳에서 비롯한다. 누구나 권세를 손에 넣은 뒤에야 젊어지기를 원하지, 젊어지기를 원해서 권세를 손에 넣지는 않는다. 게다가 가난한 사람에게 필요한 것은 젊음이 아니라 눈앞에 보이는 돈이다. 의식주가 해결돼야 불로불사를 원하는 것이다. 나는 돈도 권세도 없고 '지금의 식견'이 조금 있을 뿐이다.

사람들이 돈과 권세가 있으면서도 젊은 시절로 돌아가고 싶어 하는 이유는 돈도 권세도 없는 젊은이들에게 부러워하는 시선을 받고 싶기 때문일까? 그런 구석도 있겠지만, 젊어지기를 원하는 진정한 이유는 재산과 권세가 있더라도 자유롭지 못해서가 아닐까? 저쪽에 있다는 것을 알지만 다가갈 수 없는 것, 그것이 바로 지나가 버린 시간이다. 나 또한 지금 상태로 젊어지고 싶지만, '지금의 식견'을 젊음과 맞바꾸고 싶지는 않다.

그렇다면 '지금의 식견'이란 무엇일까? 철학적으로 환원해서 말한다면 '지금 내가 나일 수 있게 하는 것'에 해당할 것이다. 사업가의 언어로 말하자면 '눈에 보이지 않는 자기 자산'인 셈이다. 즉 '나'라는 생물학적인 존재인 동시에, '나'라는 존재가 수십 년간 살아오면서 쌓은 지식, 신용, 인간관계처럼 눈에 보이지 않는 자산들로 직조된 일종의 네트워크 같은 것을 가리킨다. 재산도 권세도 그런 보이지 않는 자산의 결과인 셈이다. 보이는 자산도 보이지 않는 자산도 살아가는 시간과 더불어 존재한다. 이처럼 눈에 보이지 않는 자산을 소유한 채 20년 젊어지는 것이 불가능하다는 사실에 인간 삶의 진실이 깃들어 있다.

역사에 가정은 없다. 역사는 진부하게 반복되는 경향이 있지만, 똑같이 재현되는 경우는 없다. 만약 자신의 역사를 20년쯤 뒤로 돌렸다고 해도 젊어진 자신은 그런 사실을 알 수 없다. 그것을 알려면 20년간의 보이지 않는 자산, 즉 현재의 자신이 필요하기 때문이다. 만약 현재의 내가 20년 전으로 되돌아간다 해도 그것은 우라시마 타로[15]의 이야기나 다를 바 없다.

영화 「백 투 더 퓨처(Back To The Future)」에는 이런 모순이 하나의 에피소드로 삽입돼 있다. 과거로 돌아간 주인공은 만약 부모가 서로 사랑에 빠지지 않으면 현재의 자신이 존재할 수 없음을 알고 초조해한다. 부모가 결혼하지 않았다면 현재의 나는 당연히 존재할 수 없다. 그러나 운 좋게도 부모가 결혼해서 내가 태어났다고 해도 그때 태어난 내가 20년 뒤 현재의 나와 완전히 같다는 보장은 없다. 현재의 나를 만든 것은 부모의 결혼만이 아니기 때문이다. 결국, 내가 '나'와 만나기는 불가능하다. 삶은 일회성으로 한정된 고유의 시간을 살아간다는 것을 뜻하기 때문이다.

관념적으로 표현한다면, 살아간다는 것은 시간 속에 자신을 던지는 행위다. 미래의 '나'는 내가 스스로 나 자신을 계속해서 기투(企投)함으로써 실

---

15) 浦島太郎: 일본 각지에 퍼져 있는 용궁 신화의 주인공. 젊은 어부 '우라시마 타로'는 아이들에게 괴롭힘을 당하는 작은 거북이를 구해주고 바다로 돌려보내 준다. 다음 날, 거대한 거북이가 나타나 그가 구해준 거북이가 용왕의 딸이며, 용왕이 그에게 감사하고 싶어 한다며 그를 용궁으로 데려간다. 타로는 그곳에서 공주를 만나 함께 며칠간 머문다. 그리고 다시 그가 살던 마을로 돌아갈 때 공주는 절대 열어보지 말라며 그에게 구슬 상자를 준다. 타로가 돌아왔을 때 세상은 이미 300년이 지난 뒤였고, 그의 어머니도 집도 모두 사라졌다. 슬픔에 빠진 타로가 공주가 준 상자를 열자, 그 안에서 흰 구름이 피어올랐고 그는 갑자기 늙은이가 됐다. 모든 설화가 그렇듯이 이 이야기에도 다양한 버전이 있다.

현하는 실존적 존재고, 삶이란 이처럼 끊임없이 뭔가를 '증여'하는 과정인 셈이다. 기투, 곧 증여하는 그 무엇은 바로 나의 '젊음'이다. 세상에는 젊은 인간과 늙은 인간이 따로 있는 것이 아니라 누구나 더는 남은 것이 없이 완전히 소진될 때까지 지속적으로 자기 젊음을 증여할 뿐이다. 오랜 세월 계속한 증여는 매 순간 예상할 수 없었던 어떤 지점들을 거쳐 나에게로 귀속한다. 그리고 더는 남은 젊음이 없을 때 나는 그제야 젊음이 무엇인지를 처음으로 알게 된다. 이 증여와 귀속의 관계는 돈을 주고 물건을 받는 등가 교환의 관계와 본질적으로 다르다. 복잡하게 말해서 죄송하지만, 요약하자면 시간 속에서는 '등가 교환'이라는 합리적 계산이 성립하지 않는다.

우라시마 전설의 교훈

우라시마 타로의 전설은 『단고노구니후도키』[16]에도 실려 있는 설화로 일본 전역에 다양한 버전으로 퍼져 있다. 젊은 어부 우라시마 타로는 곤경에 빠진 거북이를 구해주고 바다로 돌려보낸다. 그런데 이 거북이는 사실 용왕의 딸이었고, 타로는 용궁에 초대되어 산해진미와 향기로운 술과 미녀들의 봉사를 받으며 향락에 빠져 지낸다. 그렇게 시간의 개념을 잃어버린 채 며칠을 보내고 나서 마을로 돌아갈 때 용왕의 딸은 그에게 구슬 상자 하나를 선물로 주면서 그것이 수십 년간(다른 버전에는 700년으로 나온다) 닫혀 있었던 것이라며 절대 열지 말라고 한다. 하지만 고향으로 돌아온 타로가 그 경고를 무시하고 상자를 열자, 그는 순식간에 노인으로 변해버린다.

처음에 타로는 용궁에서 수십 년 시간의 '망각'이라는 형태로 거북이

---

16) 『丹後国風土記』: 8세기에 편찬된 것으로 추정되는 단고노구니(현재 교토후 북부 지역)의 풍토기.

를 구해준 대가를 받았다. 여기까지는 타로와 거북이 사이에 등가 교환(아니, 이자도 충분히 받았다)이 성립된 셈이다. 그런데 나중에 거북이가 덤으로 준 대가인 구슬 상자를 열었기에 그는 한순간에 젊음을 잃는다. 자신도 모르는 사이에 증여 때문에 완벽하게 보복당한 셈이다.

젊음에 가치가 있다면, 그것은 잃어버린 것에 대한 동경으로서, '결손'이라는 방식으로만 환기할 수 있는 가치다. 게다가 시간의 가치도 마찬가지다. 시간 역시 운명적으로 흘려보낼 수밖에 없으므로 '잃어버린다'는 방식으로만 환기할 수 있다.

우라시마 타로의 전설은 보은(報恩) 설화로는 그다지 전형적이라고 할 수 없다. 기껏 거북이를 도와줬더니, 무참히 늙어버렸다는 보답 아닌 보답을 받았기 때문이다. 우라시마 전설은 구슬 상자를 연 타로가 학으로 변했거나, 도와준 용왕의 딸과 부부가 됐다거나, 시공을 초월해 행복하게 살았다는 등 여러 가지 변형된 이야기로 전해진다. 여기서 주목할 점은 장수하는 동물로 알려진 거북이나 학이 시간의 상징이라는 사실이다. 이런 이야기를 끝까지 따라가 보면 황당무계한 보은 설화가 돼버리고, 결국 등가 교환의 맥락으로 돌아가 재미가 없다. 역시 우라시마 타로 전설은 시간을 잃어버리고 시간에 보복당하는 인간의 이야기로 읽는 편이 훨씬 재미있다.

우라시마 타로가 시간을 잃어버리자, 그의 고향은 가족도 친구도 없고, 본 적도 없고 알지도 못하는 땅이 돼버렸다. 그곳에는 자신이 자신임을 증명할 수 있는 것이 아무것도 없다. 타로가 그곳에서 그대로 살기는 지옥 같았을 것이다. 우라시마 전설에서 하나의 교훈을 찾는다면, 선행은 반드시 보답을 받는다는 보은 교훈도 아니고, 금지된 행동을 하면 벌을 받는다는 금기의 교훈도 아니다. 오히려 나는 이 설화가 시간을 망각하면 시간의 보복을 당한다는 시간의 섭리에 대한 이야기라고 생각한다. 우리는 시간 속에서 살아갈 수밖에 없는데, 종종 그 사실을 망각하는 존재이기도 하다.

사기꾼은 돈벌이에 무엇을 이용하나

앞서 말했던 술자리 질문으로 돌아가자. 200억 원이 무엇을 의미하는 지 생각해볼 구석이 아직 남았다. 200억 원이라는 돈은 지금부터 20년 동안 산다고 해도 만져볼 수 없는 큰돈이다. 사실 1년을 편안하게 보내는 조건을 확보하는 데에는 그다지 많은 돈이 필요하지 않다. 만약 내가 1억 원을 가지고 1년을 산다면 20년간 필요한 돈은 20억 원이다(뭐, 이것도 너무 많은 돈이라고 비난받겠지만). 그렇다면 내가 20년간 200억 원 중에서 쓰지 않은 180억 원은 무엇을 의미할까?

돈은 자신이 땀 흘려 일한 노동시간과 교환하는 상품을 얻는 데 사용하는 교환권이다. 우리는 이 교환권을 사용하여 레스토랑에서 근사한 식사도 하고, 명품 가방도 사고, 고급 아파트도 구할 수 있다. 따지고 보면 이런 상품과 교환한 것은 우리가 노동으로 사용한, 잃어버린 시간인 셈이다. 마르크스는 "가치로서 모든 상품은 축적된 노동시간의 일정량에 불과하다."고 적절하게 설명한 바 있다. 그러나 내가 사용하지 않은 180억 원에는 내가 제공해야 할 노동시간이 애초부터 빠져 있다.

데이비드 모러가 쓴『빅 콘 게임(The Big Con)』은 사기에 대한 기술 지침서인 동시에 사기 욕구는 모든 사람의 마음에 숨어 있다는 사실을 밝힌 심리학책으로 매우 흥미롭다. 이 책에 이런 내용이 있다. "그들은 상당한 위험을 감수하고 손에 넣은 돈을 바로 도박에 탕진한다. 모든 사기꾼은 어떤 사기꾼에게 봉일 뿐이다."

　이 책의 재미는 유능한 사기꾼의 조건이 유능한 사업가의 조건과 똑같다는 사실을 밝힌 데 있다. 즉, 근면, 검약, 지성, 동료에 대한 신의, 일에 대한 정열은 물론이고 환심을 살 수 있는 능력은 사기꾼이나 사업가에게나 매우 중요하다. 이런 요소들을 갖추지 못하면 일류 사기꾼이 될 수 없다. 사기꾼에게는 있고 사업가에게는 없는 것과 사업가에게는 있고 사기꾼에게는 없는 것을 구분해내기는 거의 불가능하다.

　한 가지 다른 점이 있다면 사기꾼은 한탕 해서 벌어들인 돈을 한꺼번에 도박판에 걸기도 한다는 것이다. 벌어들인 돈을 아파트의 할부금이나 주식투자에 쓴다면 어떤 차이가 있는 것일까? 하지만 사기꾼은 사업가처럼 행동하지 않을 것이다. 오히려 사업가가 사기꾼을 닮아가고 있다고 해야 할 것이다. 하는 '일'만을 놓고 보면 사기꾼이나 사업가나 별로 다르지 않다. 일에 대해 철저한 사업가와 그렇지 않은 사업가가 있는 것처럼, 자기 일을 철저하게 해내는 사기꾼이 있는가 하면 그렇지 않은 사기꾼도 있다.

　사업가가 성실하게 일했지만 예상하지 못했던 결과로 고객에게 피해를 줄 수 있듯이 사기꾼도 누군가를 희생양으로 삼아 열심히 사기를 쳤지만 생각지도 않게 그 결과가 선행이 될 수도 있다. 둘 사이에 확실한 차이가 있다면, 성실한 사업가는 자기가 하는 일이 사기가 될 위험이 있다는 사실을 의식하고 있다는 정도일 듯싶다. 사기꾼은 사기 행위의 내실을 비판적으로 검증하는 것이 원칙적으로 불가능하다. 사기꾼에게는 사업가에게 있는 기반이 없다. 기반이 없다는 것은 어떤 의미에서도 사기꾼은 상품을 만들지 않는다는 사실을 가리킨다. 즉, 상품을 만들기 위해서 시간을 쓰지 않는다는 것이다.

상품이 시장에서 유통될 때 구매자가 시장에서 상품을 돈과 교환하고 사업가의 상품이 돈으로 돌아오기까지 걸리는 시간은 사기꾼에게 완벽하게 무의미하다. 비록 사업가가 사기꾼과 비슷한 구석이 있다고 해도 사업가가 사기꾼이 될 수 없는 데에는 그럴 만한 이유가 있다. 그러나 고도 소비자본주의, 시장만능주의가 지배하는 상황에서 무엇보다 중요한 개념은 '효율'이다.

효율이 무엇을 의미하는지 생각해보면, 그것은 아마도 '시간의 단축'으로 귀결될 것이다. 시간을 단축하면 사업 주기가 단축되고, 자본은 고속으로 회전하며, 수익이 많아진다. 그와 동시에 인간이 시간을 조종할 수 있다는 착각에 빠진다. 사기꾼은 분명히 가장 짧은 시간에 수익을 올리려는 인간들인 셈이다. 그들은 상품을 만들고, 시장에서 유통하고, 고객이 상품을 구입한 대가로 내놓은 돈이 자신에게 되돌아오는 이 사업 주기를 비웃는다. 그래서 사기는 돈으로 돈을 사는 금융 사업과 어딘가 닮은 구석이 있다.

우리는 흔히 전자통신 분야나 전기기계 분야 제조업자가 부동산을 사거나 금융상품을 유통하는 현상을 볼 수 있다. 상품을 만들어 시장에서 유통하는 것보다 이런 방식이 자본 회수가 빠르기 때문이다. 그러나 생각해보자. 몇조 원의 돈을 빌려 회사를 매입해서 주가를 올리고, 수천억 원의 이익을 챙기는 것이 과연 사업일까? 어떤 경우에는 기업 인수가 되지만, 또 다른 경우에는 사기가 되기도 한다. 효율과 속도를 추구하는 사업도 남에게서 가져온 돈에 노동시간이 응고돼 있지 않다는 점은 동일하다. 여기서 마르크스를 비판하는 사람들은 "시장에는 노동시간이 응고돼 있지 않은 상품도 존재한다. 돈이 상품이 될 때 이런 현상이 생긴다. 이것이 현재 우리가 목격하는 사업의 세계다."라고 말할 것이다.

처음 상태로 돌아오다

앞서 술자리에서 사장이 던졌던 질문에 대한 내 생각과 약간의 사족을 덧붙이겠다. 우라시마 전설에 대해서는 다양한 해석이 있지만, 그중에서 내가 공감하는 것은 20세기 일본 문학을 대표하는 소설가 다자이 오사무의 『오토기조시(お伽草紙), 무로마치 시대에 유행한 동화 풍의 소설』에 수록된 작품 「우라시마 씨」다.

> "허전하지 않았더라면, 우라시마는 구슬 상자를 열어보지 않았을 것이다. 도무지 어찌할 수가 없어서 구슬 상자에 뭔가를 기대하고 열었던 것이다. 상자를 열자 300년 세월이 홀연히 망각됐다. 일본의 옛날이야기에는 이처럼 깊은 자비가 스며들어 있다. 우라시마는 그로부터 십년간 행복한 노인으로 살았던 것 같다."

다자이는 우라시마 타로의 이야기를 시간의 보복으로 해석하지 않았다. 시간은 때로 인간에게 잔인하지만, '망각'이라는 자비를 선사하기도 한다. 우라시마가 구슬 상자를 연 까닭은 외로웠기 때문이고, 그런 외로움을 잊게 해준 것은 300년의 망각이었다.

돈이 그토록 매력적으로 보이는 것은 돈이 인간의 욕망을 손쉽게 충족해주는 도구이기 때문이다. 그뿐 아니라 돈에는 인간의 노동, 인내, 피, 땀이 스며들어 있다. 그리고 이런 것들의 총화가 인간을 돈으로 끌어들인다.

처음에 돈은 상품을 받고 그 대가로 상대에게 줬던 것이다. 그것이 이 사람에게서 저 사람에게로 다양한 의미를 부여받으며 건네졌다. 시대에서 시대로 그 가치도 변해가며 전달된 것이다. 한 장의 지폐를 보고 있노라면,

거기 새겨진 시간이 마치 눈에 보이는 듯하다. 어딘가에 있는 무수히 많은 사람이 애쓴 어떤 것이 형태를 바꿔 돈이 된 것이다. 하지만 사람 사이에서 수없이 건네지거나 빼앗기는 사이에 그것이 원래 무엇이었는지를 모두 망각한다. 남은 것은 허공에 매달린 고통, 인내 혹은 증오와 멸시이다. 성급한 예단인지 모르겠으나 허공에 매달린 원망은 반드시 보복으로 이어질 것이다. 근거는 없지만, 그런 느낌이 든다.

시간은 때로 인간을 잔혹하게 몰아붙이지만, 동시에 '망각'이라는 자비도 선사한다. 돈은 때로 인간을 굶주림과 추위에서 벗어나게 해주지만, 동시에 어제의 친구를 적으로 만들고, 사랑을 증오와 저주로 변질시킨다. 내가 그날 술자리에서 받았던 질문을 되새겨보면, 그것은 질문이 아니었다.

기르던 개의 유언

교환으로 얻은 잡종견 '마루'

최근에 나는 고양이 마을로 이사했다. 고양이 마을은 고탄다와 카마다를 잇는 지역 노선인 이케가미센에서 가까운 역 근처에 있다. 번화가(라고는 하지만, 분위기가 좀 다르다) 아키하바라에 있던 사무실에서 조금 낡은 상가 근처로 이사했는데, '이곳은 왜 이렇게 조용할까?'라는 의문이 들 정도로 분위기가 달랐다. 그렇다고 활기가 없는 것도 아닌데, 간선도로에서 떨어진 주택가와 상점가로 이루어진 이 협소한 지역은 자동차 사회 특유의 엔진 소리, 아키하바라 역 앞의 호객 소리가 전혀 들리지 않는 동네다. 그 대신 새들이 지저귀는 소리와 공원에서 뛰노는 아이들 목소리가 들려온다.

시간이 지나자 나는 이곳에서 매일 마주치는 길고양이들한테 관심이 가기 시작했다. 최근에야 고양이들을 한 마리 한 마리 알아보게 돼서 고양이마다 이름을 붙여주고 마주칠 때마다 눈을 맞추곤 한다. 길고양이들이 사는 모습을 보면, 인간이 동물한테서 얼마나 멀리 떨어져 있는지 알게 된다. 그들은 집도 없고, 재산도 없고, 음식을 저장할 냉장고도 없다. 그저 매일 필요한 만큼 먹을 것을 찾아 먹으며 오늘과 같은 내일을 사는 것처럼 보인다. 인간은 언제부터인가 대량 생산, 대량 소비, 대량 폐기 생활양식에 익숙해져서 매일 놀랄 정도로 많은 쓰레기를 배출하면서 내일 없는 성장을 위해 일하며 살아간다.

자연과 친해지면 그 리듬이 반복된다는 것을 알게 된다. 오늘과 내일이 단조롭게 반복되는 시간 속에서 개와 고양이, 새의 생활도 영위되며 그날그날 필요한 것은 자연이 제공해준다. 인간은 자연이 식물과 동물의 정밀한 연계로 작동한다는 사실을 망각하고 있다. 그런데 이곳 고양이 마을에서 매일 여러 종류의 길고양이들과 마주치는데, 떠돌이 개들은 눈에 띄지 않는다. 일본에서는 언제 떠돌이 개들이 사라졌을까?

10년 전쯤 나는 개와 몇 년간 같이 지낸 적이 있었다. '같이 지냈다'는 표현처럼 한동안 내 곁에는 늘 개가 있었다. 이 유기견은 보건소에 잡혀가서 안락사 당할 처지에 놓여 있었는데, 다행히도 내 곁으로 오게 됐다. "개를 키워볼 생각인데, 어떨 것 같아?" 나는 아키하바라에서 회사를 경영할 때 사무실 직원들과 이런저런 잡담을 하던 중에 갑자기 이 말을 꺼냈다. '글쎄요. 개를 기르기는 쉽지 않을 것 같아요.'라는 대답이 나올 줄 알았는데, 뜻밖에도 직원들은 환영하는 반응을 보였다. 이것이 나와 애견 '마루'의 인연이 시작된 계기였다. 그런 이야기가 오가고 나서 얼마 뒤에 나는 태어난 지 얼마 되지 않은 래브라도 리트리버를 종이상자에 넣어 사무실로 데려왔다.

아장아장 걷는 봉제인형 같은 생명체가 모습을 드러내자, 직원들은 숨을 죽이고 바라보다가 모두 환호하며 손뼉을 쳤다. 미국에서 열린 애견 경연대회에서 우승한 경력이 있는 어미한테는 근사한 혈통서도 있었지만, 새끼를 입양하는 데에는 돈 한 푼 들지 않았다. 그런데 직원 한 사람이 이렇게 말했다.

"회사에서 래브라도 리트리버를 키우는 건 무리예요. 유기견 돌보는 자원봉사자가 개한테 좋지 않다고 했어요. 리트리버는 뛰어놀 공간이 없으면 신경쇠약에 걸린대요."

직원이 말한 그 기특한 자원봉사자는 이 분야에서 꽤 유명한 '가네키'라는 분이었다. 사실 회사 사무실은 아키하바라 덴키가 한쪽에 있어서 운동량이 많은 큰 개를 키우기에는 적합하지 않았다. 게다가 내가 사는 아파트에서는 애완동물 출입이 금지돼 있어서 강아지를 주말에 데려갈 수도 없었다. 동그란 눈으로 나를 빤히 쳐다보는 까만 강아지를 내려다보면서 대체 어떻게 하면 좋을지 고민하던 차에 가네키 씨가 한 가지 아이디어를 제안했다. 그녀는 보건소에서 구출한 잡종견을 집에서 임시 보호하고 있는데, 리트리버는 다른 입양자를 찾아볼 테니 나더러 그 잡종견을 데려가면 어떻겠냐고 물었다. 그런 우여곡절을 거쳐 '마루'는 회사로 왔다. 새끼 리트리버는 먼 곳에 사는 어느 형사가 입양했다(2년 뒤에 그 형사가 내게 보내준 사진을 보니 늠름한 성견으로 자라 있었다).

미국 챔피언의 새끼와 교환한 개는 주뼛주뼛하고 생긴 것도 지저분한 잡종견이었다. 그동안 어디를 헤맸는지 몸도 비쩍 마르고, 털 상태도 좋지 않고, 나이도 가늠할 수 없었다. 미키마우스처럼 새까만 시바견 같았는데, 그래도 귀는 서 있었다. 아니, 서 있다기보다는 글라이더 비행기 날개처럼 수평으로 뻗은 상태였다. 얼굴도 웃기게 생겼고, 걸을 때면 양쪽 귀가 위아래로 펄럭였는데, 뭐라고 콕 집어 말할 수 없는 애교가 있었다. 처음 만났을 때 내가 눈을 맞추려고 하자 개는 고개를 돌렸다. 자동차의 조수석에 앉혔더니 뻣뻣하게 서 있는 상태로 꼼짝도 하지 않았다. 인간을 피하는 모습이 역력했다. 머릿속에서 '학대'라는 말이 떠올랐다.

　나는 당분간 이 녀석과 회사에서 침식을 같이하기로 마음먹었다. 왠지 눈을 떼면 안 될 것 같은 기분이 들었다. 가끔 집에 데려가곤 했으나 애완동물 출입이 금지돼 있어서 한밤중에 몰래 데리고 들어가서 자고 새벽에 일어나 차에 태워 사무실로 향하곤 했다. 혼자 두지 않으려고, 언제나 어디든지 데리고 다녔다. 거래처에 갈 때도 데려갔고, 상담 중에는 차에서 기다리게 했다. 평일은 회사에서 자고 휴일에는 개가 출입할 수 있는 애견 카페에서 몇 시간씩 보내는 변칙적인 일상이 계속됐다.

　이런 '난민 생활'이 3개월째 계속되자 사람과 눈길을 마주치지 않던 유기견 마루가 점차 나에게 마음을 열기 시작했고, 산책하자고 조르거나 먹을 것을 달라고도 했다. 무엇보다 넓은 공터에서 달리기를 좋아했는데, 꼬리를 흔들며 달리는 모습을 보면 나도 모르게 기분이 흐뭇해졌다.

　"건강해졌어…."

두려움 뒤에 얻은 것

　그리고 4년 반이 지났을 때 마루는 어처구니없이 죽고 말았다. 당혹스러운 죽음이었다. 일주일 전부터 빠른 걸음새가 불안해 보여서 동물병원에 데려갔을 때는 이미 자기 다리로 설 수 없는 상태였고 배를 심하게 불룩이면서 거칠게 숨을 몰아쉬었다. 그날은 일요일이어서 병원 문이 닫혀 있었지만, 연락을 받고 외출에서 급히 돌아온 의사 선생은 진료실에 들어서자마자 곧바로 마루한테 정맥주사를 놓고, 검사를 시작했다. 마루한테는 악성 빈혈에 내출혈 증세가 있었다.

잠시 소강상태가 됐다가 가끔 비명 같은 소리를 지르며 발을 버둥대더니 이윽고 움직이지도 못했다. 나는 마루를 입원시키고 상태를 지켜보기로 하고는 집으로 돌아왔다. 그런데 밤 10시쯤 수의사 선생한테서 전화가 왔다. 마루가 심하게 피를 토했다고 했다. 병원으로 달려가 보니 마루는 괴로움을 호소할 힘조차 없는 듯했고 맥박도 몹시 약했다. 결국, 마루는 월요일 아침을 맞지 못했다. 정확한 나이도 알 수 없었다. 들개 같은 죽음을 맞은 셈이었다.

"처음부터 지금까지 실마리는 없었다." 헤이안 시대(794~1185) 진언종을 창시한 구카이가 지은 『삼교지기(三敎指歸)』에 나오는 말이다. 우리가 어디에서 와서 어디로 가는지 아무도 모른다는 뜻이다. 실마리는 인간의 지성 밖에서 희미하게 빛을 발할 뿐이다. 마루와 나에게는 이런 철학적 성찰이 어울리지 않을지도 모르지만, 어쨌든 마루는 어디서 왔는지 끝내 알 수 없었던 유기견이었다.

지금 생각해보면, 마루는 불가사의한 인연의 끈이 연결되고 또 연결돼서 내게까지 왔다. 나는 언제 어디서 태어나 어떻게 살아남았는지도 모르는 유기견을 자동차에 태우고 도쿄 거리를 돌아다니고 회사에서 새우잠을 자곤 했던 것이다. 먹을 생각, 달릴 생각밖에 없는 개였지만 장점이 딱 하나 있었다. 무척 순했다는 것이다. 어떤 개가 옆에 와도 짖거나 으르렁거리

거나 달려들어 물었던 적이 없다. 으르렁거리는 개 앞을 지나갈 때는 보고
도 못 본 척했고, 짖거나 대든 적이 없었다. 마루는 어떤 개나 어떤 사람에
게나 잘 다가갔고, 머리를 쓰다듬으면 곧바로 발길을 돌려 돌아왔다. 4년
반 동안 나는 마루가 으르렁거리는 소리를 서너 번도 듣지 못했다.

아름다움이란 무엇일까? 미국 하드보일드 계열 소설가 레이먼드 챈들
러의 유작인 『플레이백(Playback)』에 등장하는 인물 필립 말로는 '강하지 않
으면 아름답지 않다'고 말한다. 지당한 말이다. 하지만 마루는 어디를 봐도
강한 개는 아니었다. 약한 개가 짖는다고들 하지만, 겁이 많은 마루는 짖지
도 않았다. 핀란드 출신 영화감독 아키 카우리스마키의 주인공들처럼 하
드보일드와는 거리가 먼 겁쟁이 개였다. 이런 점에서 나는 마루가 아름다
움과는 정반대 지점에 있다고 생각했다. 하지만 겁쟁이에게는 겁쟁이로서
존재 의미가 있다.

다른 사람들도 그럴지 모르지만, 나는 은연중에 용기 있는 강한 남자
가 되고 싶다고 생각하며 살아왔다. 그러나 겁이 많더라도 아름다울 수 있
다면, 용기는 필요 없을 수도 있다. 겁도 힘이 될 수 있다. 이것이 마루가 내
게 남긴 유언이 아닐까?

3장.
국민국가와 주식회사의 종언

주식회사라는 구상

주식회사의 기원

'법인 자본주의'라는 말은 주식회사 연구의 대가 오쿠무라 히로시가 처음 사용한 용어다. 오늘날의 정치 상황이나 폭주하는 경제를 보고 있으면 주식회사가 자본주의를 견인하고, 이용하고 있다고 해도 틀린 말은 아닌 것 같다. 2014년 일본의 상황은 아베 총리 정부의 인기가 높지만, '아베노믹스'로 불리는 경제 정책은 일반 서민보다 대기업의 이익을 대변한다.

성숙한 자본주의 국가에서는 시장이 포화 상태고 인구는 감소하여 자연히 경제 성장을 기대하기 어렵다. 그래서 경제 성장을 실현하려면 더 효율적으로 이익을 얻을 수 있는 분야에 자원을 집중할 필요가 있다는 것이다. 바로 이것이 대기업을 우선으로 배려하고, 비효율적인 분야를 배제하는 방향으로 나아가야 한다는 명분이다. 경제 성장 전략, 소비세 증액, 기업이 쉽게 활동할 수 있는 특구 제정, 규제 철폐, 화폐의 양적 완화, 원자력 발전소 가동 등은 모두 서민의 삶을 배려하기보다는 대기업에 혜택을 주는 정책이어서 영세 중소기업과 일반 서민의 삶이 나아지기를 기대하기는 어렵다.

실제로 내가 아는 몇몇 중소기업 경영자는 직원들의 급여를 올려주고 싶어도 그럴 수 없는 상황이고, 소비세가 오르는 바람에 거래처에서는 공급가를 낮추라는 압박을 계속해서 받고 있다고 했다. 소비세 인상분만큼 이익이 줄었다면서 다들 한숨을 쉬었다. 집 근처에 있는 공중목욕탕에서는 소비세가 인상됐지만, 4,500원 입장료를 그대로 유지했다. 손님들이 잔돈을 들고 자주 들르는데, 입장료를 올리기 어렵다는 것이다. 지금은 100

원을 올려서 4,600원이 됐다. 그래도 전기, 가스, 수도 요금이 모두 올랐기 때문에 공중목욕탕은 이익을 줄여가며 영업을 계속해야 하는 형편이다.

도대체 아베 정권은 무엇을 보고 경기가 회복되고 있으며 아베노믹스가 순조롭게 진행되고 있다고 하는 것일까? 어쨌든 오늘날 정치는 선거를 포함한 여러 가지 활동에 자금이 필요하고, 그 자금을 대기업에서 조달하고 있어서 정치자금을 대는 사람의 의향을 반영하지 않을 수 없다. 인구가 감소해서 상품시장의 확대를 꾀하기 어려운 선진국의 최대 문제는 수요의 감소다. 그런데도 대다수 국가의 정치인들은 대기업들을 지원하면서 경제 성장 전략을 내세우고 있다. 조금만 생각해봐도 이런 전략이 무리라는 것을 알 텐데, 사람들은 경제가 성장하면 수많은 문제가 해결되고, 자기 형편도 나아지리라는 막연한 기대로 이런 전략을 모르는 척하는 것은 아닐까?

특히 주식회사들은 이런 무리수가 통하게 하는 데 사활이 걸렸으므로 성장의 돌파구를 찾으려고 필사적으로 달려든다. 그러지 않으면 주식회사 체계를 뒷받침하는 경제적 배경을 상실할 뿐 아니라 주식회사 자체가 시장에서 사라질 운명에 놓여 있다. 따라서 주식회사들의 활동은 그야말로 필사적이다. 세계를 누비며 성장할 가능성이 있는 국가를 탐색하고, 그 성장의 과실을 얻으려고 한다. 특히 그런 국가의 싼 노동력을 이용해 상품을 생산하면 비용을 줄일 수 있다.

그런데 대부분 국가에서는 자국의 산업을 보호하기 위해 관세장벽을 설치하고, 국내시장 방어를 위한 규제와 관습을 유지한다. 그래서 등장한 것이 바로 '세계통합주의(globalism)'라는 이데올로기다. 이것은 주식회사가 세계를 하나의 시장으로 만들어 경제 성장이라는 배경을 확보하려는 전략이다. TPP[17]의 경우, 미국 측에서 바라보면 아시아의 성장 결실을 자국의 이익과 연결하려는 의도가 명백하고, 미국 정부도 그런 점을 감추지 않는다. 무역 교섭에서 세계화주의자들이 흔히 말하는 윈-윈(win-win) 관계는 원칙적으로 성립할 수 없다. 무역 관계에서 한쪽이 흑자면 다른 쪽은 당연히 적자를 본다. 그런데도 TPP에 찬성하는 사람들은 어찌 된 일인지 국민국가의 구조를 걷어치우고 관세장벽을 철폐하면 당사자인 양국이 동반 성장할 수 있다는 환상에 사로잡혀 있다.

그러나 중남미 아이티나 칠레는 세계통합주의 도입으로 큰 충격을 받았다. 현재 중남미 대륙 국가들의 경향이 반미(反美)로 기운 데에는 이런 쓰라린 경험이 있기 때문이다. 세계화가 진전되면 주식회사는 성장하지만, 결국 세계는 전체적으로 총수요가 감소하는 상황이 올 것이다. 물론 이런 효과가 곧바로 일어나지는 않겠지만, 100년, 200년의 기간을 전제로 하는 이야기다. 어쨌든 주식회사는 지속적인 성장을 전제로 성립한다는 사실을 기억해야 한다.

주식회사는 언제, 어떤 상황에서 생겨났을까? 언제부터인가 나는 주식회사가 오랜 역사를 통해 인간 사회의 문명을 형성했다고 생각했다. 회사를 인간의 역사만큼이나 오래된 것으로 착각했던 것이다. 물론 주식회사의 기원은 동인도회사[18]라는 교과서적인 지식이 없었던 것은 아니다. 지

---

17) Trans-Pacific Partnership: 환태평양경제동반자협정의 줄임말로, 아시아·태평양 지역 국가 간에 진행 중인 광역 자유무역협정(FTA)을 말한다. 2005년 6월 뉴질랜드·싱가포르·칠레·브루나이 등 4개국 체제로 시작했으며 2015년 10월 현재 호주, 브루나이, 캐나다, 칠레, 일본, 말레이시아, 멕시코, 페루, 뉴질랜드, 싱가포르, 미국, 베트남 12개국이 참여했다. 협상 참가국이 모두 최종 협정에 서명하면 국내총생산 합계로 세계 경제의 40%를 차지하는 최대 규모의 자유무역지대가 아시아·태평양 지역에 만들어질 것으로 예측되고 있다.

18) East India Company: 동방의 생산물 무역의 독점적 지배를 둘러싸고 영국, 네덜란드, 프랑스 등이 17

식으로 알고는 있었지만 동인도회사를 오늘날 주식회사와 구체적으로 연결하지 못하고 이 둘을 별개의 것으로 생각했던 것이다. 즉, 교과서적으로 주식회사의 기원인 네덜란드의 동인도회사는 아시아 지역의 권익을 독점하기 위해 성립한 조직이어서 오늘날 주식회사와 그 의미가 전혀 다르다고 보았던 것이다.

그런데 만약 동인도회사가 오늘날 주식회사의 원형이라면, 주식회사의 탄생은 그 이후인 셈이다. 그렇다면, '주식회사'라는 제도는 놀랄 정도로 역사가 짧고 그 제도 자체가 하나의 구상에 불과했다는 사실을 말하는 것은 아닐까? 이런 생각이 들자 나는 '주식회사'라는 구상이 어떤 배경에서 탄생했고, 어떤 형태로 전 세계에 퍼졌는지 연구해볼 가치가 있다고 생각했다. 왜냐면 지금까지 주식회사를 하나의 구상이라는 각도에서 조망한 연구는 찾아볼 수 없었기 때문이다. 내 시야가 미치는 범위에서 이런 연구는 확인할 수 없었다.

만약 주식회사가 구상이라면, 그것은 일정한 유효기간이 있고 언젠가는 다른 구상에 자리를 내줘야 하지 않을까? 이런 관점에서 누군가가 저서를 집필했는지 모르겠다. 교과서적인 이론에서는 주식회사가 마치 언어나 가족 형태와 같은 일종의 인류학적 체계인 것처럼 정의해놓고 그것의 존재를 당연하게 서술해놓았다. 게다가 주식회사가 앞으로도 인류사에 영속적으로 유지될 것처럼 설명하고 있다. 따라서 아무도 주식회사가 언젠가

세기에 설립한 배타적 특허 독점 회사. 포르투갈과 영국을 물리치고 중요한 향료 산지인 말라카즈 제도를 확보한 네덜란드의 합동동인도회사(1600년 설립)가 그 효시다. 동인도 무역에 대한 회사의 경영 전략은 스페인령 신대륙의 은으로 향료를 싸게 사고, 그것을 유럽 지역에 비싸게 파는 것이었다. 17세기 중엽 황금시대를 맞은 회사는 구매 독점, 소량 상품의 유통을 통한 막대한 이윤 확보, 극도의 생산 제한 등 목적 달성을 위해 정치권력을 이용하면서 그 지배하의 식민지 사회의 부와 생산력을 철저히 파괴했다.

사라지리라고는 생각하지 않는 듯하다.

실제로 주식회사의 기원을 살펴보면, 17세기 후반 런던 금융가인 익스체인지 어레이(exchange array) 근처에서 활동하던 주식 중개인들이 원격 무역을 위한 원양 항해 자금을 모으던 방법에서 오늘날 주식회사의 맹아를 찾아볼 수 있다. 주식회사의 특징은 자본과 경영의 분리에 있다. 이런 방식 덕분에 이전의 동업(partnership)을 통한 자본 구성만으로는 기대하기 어려웠던 거대 자본의 조달이 가능해졌다. 이전에는 자산가만이 거대한 설비 투자를 할 수 있었지만, 그에게는 큰 위험을 무릅쓰고 설비 투자에 막대한 자금을 동원할 만한 동기가 부여되지 않았다. 그러나 사업가는 적은 금액으로 나눈 많은 주식을 팔아서 큰돈을 마련하면 자산가가 아니더라도 거대한 사업에 착수할 수 있었다. 하지만 이런 아이디어가 생소했던 시대에 누가 주식에 투자하려고 했을까? 그것은 도박과 같은 일이었을 것이다.

중개인들은 배가 떠나기 전에 투자해두면 원격지에서 희소 생산물과 금은보화를 가득 싣고 돌아왔을 때 큰 이익을 붙여 본전을 돌려받을 수 있다며 자산가와 투기꾼 들을 회유했을 것이다. 영국인들은 특히 모험심이 강한 듯하다. 아니, 동서고금을 막론하고 도박에 가까운 모험에는 사람들을 흥분시키는 뭔가가 있는 것 같다. 뇌의 어느 부위가 이런 자극에 특별히 반응하는 모양이다. 아카데미 장편 다큐멘터리상을 받은 「인사이드 잡(Inside Job)」을 보면 금융계에서 일하는 사람들이 뇌에 자극을 받는 부위와 도박에 흥분하는 사람들이 자극을 받는 부위가 같다는 이야기가 나온다. 뇌의 어딘가에 사행심이 활성화하는 부위가 있는 모양이다.

17세기 후반 런던에서는 회사가 성공할지 망할지, 오직 그 문제에만 관심 있는 주식 투자들(이들이야말로 오늘날 주주들과 그 성격이 같다)이 탄생했다. 그리고 중개인들이 애초 계획대로 거대 자금을 모으는 것을 보고 그들을 따라 하는 사람들이 생겼다. 그렇게 1669년부터 1695년까지 모두 아흔세 개의 주식중개 회사가 활동했다. 투기 열풍이 불어 닥친 것이다. 그러나 불과 몇 년 뒤에 이십여 개 회사만이 살아남았다. 그중에는 요즘 사기꾼들처럼 모은 돈을 들고 달아난 회사들도 있었다. 이런 황당한 자금 모집에는 문제가 많았지만, 투기 열풍은 수그러들지 않았다.

바로 그때 스튜어트 왕가 출신 귀족 정치가로 토리당 의원인 재무상 로버트 할리는 영국의 재정 위기를 해결한다는 명목으로 국채를 취급하는 '남해회사(The South Sea Company)'라는 회사를 세웠다. 이 회사는 노예무역을 통해 이익을 내려고 했으나 상대국과의 관계 악화, 윤리적 문제 등으로 손실이 커지자 국채 매매도 할 수 없게 됐다. 상황이 이렇게 되자, 이 회사는 당시의 투기열을 이용해 한밑천 잡을 궁리를 하기 시작했다. 그렇게 1718년 발행한 국채는 당시 투기할 곳을 찾던 신흥 중산층을 흥분하게 했다. 그런데 국채를 인수하려면, 주식을 발행할 권리가 확보돼 있다는 보증이 필요했다. 남해회사는 잉글랜드 은행과 주식발행권을 두고 경쟁을 벌여 승리했으나 낙찰 납부금을 마련하려면 훨씬 더 많은 자금을 끌어모을 필요가 있었다. 당시 남해회사가 고안한 주식 매매의 방법이 위키피디아에 다음과 같이 상세히 기술돼 있다.

1. 주식과 국채의 교환 비율은 시가로 정한다. 즉, 남해회사의 주식 액면가가 100파운드이고 시장가격이 200파운드일 때 액면가 200파운드 국채 1건과 남해회사 발행 액면가 100파운드 주식 1건을 등가로 교환한다.

2. 그러나 발행을 허가받은 주식의 수는 금액에 대응(200파운드에 교환한다)하기 때문에 남해회사는 액면가 200파운드 주식을 발행할 수 있다. 즉, 국채와 교환해도 수중에 100파운드분, 시가 200파운드분의 주식이 남는다.

3. 이것을 팔면 매출한 200파운드는 그대로 남해회사의 이익이 된다.

4. 위와 같은 방법으로 남해회사의 이익이 증가하면 주가도 당연히 상승한다.

5. 1의 단계로 되돌아간다.

참으로 놀랍다. 시가 총액에 바탕을 둔 주식 매매처럼 오늘날의 금융 거래와 똑같은 방식이 이때 이미 시작된 것이다. 이 과정에서 주가가 단숨에 상승하고, 버블이 생기고, 사기성 주식회사가 난립하고, 정치권에 뇌물이 오가는 등 심각한 문제가 생기자 영국 의회는 결국 시장을 규제하기로 하고, 1720년에는 실질적으로 주식회사 활동을 금지했다. 그 결과로 버블이 꺼지면서 투자가들이 거액의 손해를 보았다. 이것이 바로 '남해포말사건(South Sea Bubble)'으로, 주식회사가 금지된 직접적인 원인이 됐다. 이후 100년 동안 주식회사는 모습을 감췄으나, 산업혁명이 시작되면서 주식회사 형태는 다시 주목받게 됐다. 산업 기계가 발명되고 공장이 건설되면서 거대한 설비 자금이 필요했기 때문이다.

시작이 있는 것은 반드시 끝이 있다

내가 존경하는 스승 중 한 사람인 고(故) 오다키 에이이치는 "무엇이든 반드시 시작이 있다."고 했다. 오다키 씨는 음악가로 누구나 인정하는 대가지만, 영화 연구에도 상당한 성과를 남겼다. 그중 하나가 문화평론가 가와모토 사부로와 대담하는 형식으로 잡지 『도쿄진(東京人)』에 게재한 내용이다.

오다키 씨는 영화에 나오는 건축물과 기념물 등 촬영 장소를 직접 방문했는데, 이제는 사라져버린 것들을 고지도와 민간 자료 등을 뒤져 수십 년 전의 도쿄를 재현하곤 했다. 이런 작업을 통해 그는 모든 것에 기원이 있고, 그 기원까지 거슬러 올라가지 않으면 절대로 볼 수 없는 것들이 있다는 확신에 이르렀던 것 같다. "시작이 있는 것은 끝이 있다." 이것도 오다키 씨가 자주 했던 말이다.

그렇다. 시작한 것은 반드시 끝이 있다. 역사적으로 인간이 만든 모든 것에는 유효기간이 있고, 반드시 끝이 있다. 역사적으로 모든 것이 영고성쇠의 법칙을 따르듯이 사물의 시작과 끝은 자연법칙을 따른다. 그런데 인간은 지금 주어진 것들이 애초부터 존재하고 이후로도 영속할 것처럼 착각하는 듯하다. 아니, 인간은 현재가 영속한다고 믿어야만 살아갈 수 있는 존재인지도 모르겠다. 생명체로서 한 인간의 역사는 100년이 채 되지 않는 수명에 불과한데, 그의 시간 감각은 자기 수명보다 훨씬 긴 인류의 역사를 시야에서 지워버리는 경향이 있다.

현대를 살아가는 우리는 주식회사가 융성하는 우리 시대 이외의 시대를 상상하기 어렵고, 주식회사가 사라지고 법인 자본주의가 소멸할 수 있다고 생각하기 어렵다. 그러나 '주식회사'라는 제도에 시작이 있었다는 것은 이 제도가 인간이 구상한 것이며 '유효기간'이 있다는 사실을 의미한다. 그 소멸의 시작은 주식회사 체계의 근간인 '성장'이라는 시대 배경이 탈(脫)성장으로 변화하는 지금이 아닌가 싶다.

등가 교환과는 다른 역사적 합리성

처음 주식회사가 등장했을 때 인간은 또 하나의 장대한 체계를 구상했다. 상상의 공동체로서 이후 베네딕트 앤더슨이 연구한 국민국가 개념이다. 국민국가 이전에는 봉건영주나 국왕들이 지배하는 지역에서 각각 지역의 권익을 확대하기 위해, 혹은 '종교전쟁'이라는 형태로 오랜 기간 소모적인 싸움을 계속했다. 1648년에 종결된 유럽 30년 전쟁[19]의 강화(講和)에 따라 여러 지역이 국민을 단위로 하는 국가로서 국경이 설정됐고, 국가는 독자적인 정치·경제·종교 체계를 갖추고 통치하기 시작했다. 그리고 국가 간에는 서로 내정에 간섭하지 않는다는 합의가 이루어졌다.

이전에 중세 연구가 아미노 요시히코의 책을 읽었을 때 '쇼토쿠 태자는 일본인인가?' 하는 의문이 들었다. 나는 아미노 선생이 쇼토쿠 태자를 외국인으로 생각하는 듯한 인상을 받았던 기억이 있다. 결론적으로 쇼토쿠 태자는 일본인이 아니라는 것이다. 왜냐면 쇼토쿠 태자 시대에는 '일본'이라는 국가가 아직 존재하지 않았기 때문이다. 국가가 존재한다는 것은 어떤 의미일까? 그것은 일본 같은 열도(列島)에서는 열도 전체를 지배하는 세력이 통일된 국가임을 선언하고, 법률이 그것을 규정하고, 다른 국가들의 정부가 이것을 이름이 있는 국가로 인정한다는 전제가 필요하다.

쇼토쿠 태자 시대에도 국가 비슷한 것은 있었다. 야마토는 열도에서 강력한 힘을 갖춘 호족이었다. 야마토 왕권의 소재지가 어디 있었는지에

---

19) 1618~1648년 독일을 중심으로 프로테스탄트와 가톨릭 사이에 벌어진 종교전쟁이자 최초의 근대적 영토 전쟁. 전쟁의 원인은 1618년 가톨릭 신앙의 절대 강요와 이에 대한 신교 귀족들의 반발이었다. 이후 전쟁은 유럽 전역으로 확대됐고, 1648년 베스트팔렌 조약으로 전쟁이 끝났을 때 유럽의 판도는 완전히 달라졌으며, 유럽의 가톨릭 종주국으로서 신성로마제국은 사실상 붕괴했다. 그 결과 근대 유럽의 주권 국가 구조가 확립됐다.

대해서는 몇 가지 설이 있는데, 유력 씨족들이 야마토 왕권에 의해 통일됐다는 것은 역사적으로 확실한 사실 같다. 당시 수(隋)나라가 지배하던 중국은 열도에서 지배적이었던 야마토와 교역했고, 야마토가 지배하던 지역을 '왜국(倭國)'이라고 불렀던 것을 문헌으로 확인할 수 있다.

쇼토쿠 태자는 6~7세기 야마토의 황족이었는데, 당시 열도는 아직 '일본'이라는 형태로 통일된 국가를 형성하지 못했다. 규슈에는 하야토[20], 도호쿠에는 에조[21], 홋카이도에는 아이누 같은 호족이 각각의 지역에 모여 있었으며 때에 따라서는 서로 싸우기도 했다.

아미노 선생은 야마토 조정이 통일되고, '일본'이라는 명칭이 689년 아스카기요미하라령[22]에 최초로 등장한다고 지적했다. 이때부터 다이호율령[23]이 제정될 때까지 '일본'이라는 명칭이 정착한 듯하다. 따라서 쇼토쿠 태자 시대에는 '일본'이라는 통일국가가 존재하지 않았기에 그를 '일본인'으로 지칭할 수는 없다는 것이다. 아스카기요미하라령에서 '일본'은 호족이 지역을 통일하고 국가로서 붙인 이름이지만, 그것은 오늘날 말하는 국민국가와 다르다. '국가 간 상호 내정 불간섭'이라는 개념이 없다면 '국민'이라는 개념 또한 없다. 유럽도 30년 전쟁 이후 1648년 체결된 베스트팔렌 조약으로 강화체제가 성립되기 전에는 오늘날과 같은 국민국가는 존재하지 않았다.

근대사회는 '국민국가'라는 구상과 '주식회사'라는 구상을 전제로 발

---

20) 隼人: 옛날 일본의 규슈 남부에 살던 종족.

21) 蝦夷: 옛날 일본의 도호쿠와 홋카이도 지역에 살던 종족.

22) 飛鳥浄御原令: 일본 아스카 시대 후기에 제정된 체계적인 법전.

23) 大宝律令: 701년 제정된 일본 최초의 율령.

전했다. 이 두 가지 체계를 근간으로 구축된 다양한 제도는 '모든 경제는 성장하고 문명은 도시화를 향해 발전한다'는 믿음을 공유했다는 점에 유의해야 한다. 연금과 보험, 저축 제도, 신용카드 결제 체계, 주택담보대출 등도 '경제는 성장한다'는 신념을 전제한다. 예를 들어 현재 1,000원은 일년 뒤에 1,100원이 된다는 전제를 염두에 두고 제도가 설계된 것이다. 경제 성장은 근대 국민국가 성립 이후에 생긴 조건으로 누구도 경제가 성장을 멈추는 시대가 오리라고 예상하지 못했다.

어쨌든 주식회사는 원칙적으로는 현재 투입한 돈이 몇 년 뒤에 불어난다는 주주의 기대가 없으면 성립하기 어려운 체계다. 산업혁명 이후 국민국가의 성장은 무엇보다도 '주식회사'라는 체계를 통해 실현됐다. 주식회사가 경제와 문명을 견인한 사실을 누구도 부정할 수 없다. 오늘날 세계화가 전 세계적 이슈가 된 근본적인 원인을 살펴보면 서구 선진국에서 국가자체를 성립시켰던 '경제 성장'이라는 환경이 사라지는 상황과 맞물려 있다. 주식회사는 경제 성장이라는 배경이 필수조건이며 경제 성장이 끝난다는 것은 '자본과 경영의 분리'라는 주식회사 체계 자체의 성립을 불가능하게 한다.

주식회사가 생명을 이어가려면 성장이 둔화한 국민국가의 경계를 허물고, 발전도상국의 성장 요건을 확보할 필요가 있다. 일본 또한 1980년 중반부터 주식회사 제도 자체를 과거의 형태에서 서구식으로 전환하려는 활발한 움직임을 보였다. 호봉제에서 성과급제로 급여 체계를 바꾸고, 종신 고용제에서 계약제로 고용 형태를 바꿔 직원을 비정규직화했다. 이런 움직임이 시작됐을 때, '주식회사는 누구의 것인가'라는 코퍼레이트 거버 넌스(cooperate governance) 이론이나 투자에서 '자기 결정', '자기 책임', '자기실현’이라는 용어가 주로 주주 쪽에서 나오기 시작했다. 만약 급여가 성과와 등가 교환으로 지급되는 대가라고 한다면 호봉제는 성과급제 관점에서 보면 완전히 불합리한 체계라고 할 수 있다.

그럼에도 일본은 회사라는 형태가 생긴 이래 ‘연공서열’과 ‘종신 고용’이라는 체계를 유지해왔으며 적어도 1980년대 초반까지는 경영자와 노동자 모두 그런 체계에 의문을 품지 않았다. 그렇다면 세계화에서 말하는 등가 교환의 합리성과 별개로 여기에 역사적 합리성이 있었다고 생각할 수도 있지 않을까? 그러나 일본의 체계는 국지적인 규칙에 불과하며 합리성이 부족한 전근대적 잔재라는 논란에 대해 경제인도 정치가도 적절한 대답을 찾지 못했다.

가족의 다양성과 일본의 회사

내가 엠마누엘 토드의 저작, 『세계의 다양성(*La Diversité du monde. Structures familiales et modernité*)』을 처음 읽었던 시기는 일본식 회사체계가 영미식으로 대체되던 때였다. 그의 저작에 놀랄 만한 식견이 녹아 있는 것을 보고 나는 큰 충격을 받았다. 토드는 오늘날 세계에서 가장 주목받는 역사인구학자로, 세계의 인구 동태를 조사하면서 그것이 정치에 미치는 영향에 관해 예언적인 저서를 여러 권 출간했다. 그는 소비에트 연방의 붕괴를 당시 비정상적으로 높았던 유아 사망률을 근거로 예견했고, 이를 계기로 역사인구학은 갑자기 대중의 주목을 받기도 했다.

토드는 전 세계에 다양하게 분포된 가족 형태를 분석한다. 예를 들어 그는 일본의 전통적 가족 형태를 ‘권위주의적 직계가족’으로 분류한다. 그가 파악한 가족 형태는 친자 관계(자유주의적/권위주의적), 형제 관계(평등/불평등)의 두 축을 기준으로 한 매트릭스로 크게 4가지 계열로 분류한다. 그리고 그 유형에 혼인의 유형(외혼제/내혼제)을 보조적으로 대입하면 8가지 계열의 가족 형태가 분류된다.

일본에서 친자 관계는 권위주의적이고 형제 관계는 장자 상속형으로 불평등하다. 이런 가족 형태는 아시아 지역에 널리 분포돼 있는데, 유럽에서도 독일이나 오스트리아, 스웨덴에서는 일반적인 형태다. 한편, 중국에서는 독재적인 권위자(아버지)를 중심으로 평등한 권리가 있는 여러 조(組)의 형제 부부가 동거하는 대가족 집단이 형성돼 있다. 그리고 이유는 명확하지 않지만, 동일 집단 내 혼인은 금지돼 있다. 이 같은 가족 형태는 외혼제 공동체 가족 유형의 범주에 속한다.

토드는 가족 분류를 설명하면서 아주 흥미로운 점을 지적한다. 외혼제 공동체 가족이 분포된 곳은 러시아, 중국, 베트남, 구(舊)유고슬라비아, 쿠바, 헝가리 같은 국가들이다. 즉, 사회주의 국가들은 거의 외혼제 공동체 가족 구조로 구성돼 있다. 이것은 과연 우연의 일치일까? 나는 이런 지적을 보고 깜짝 놀랐다. 만약 그렇다면, 우리는 이데올로기에 대한 시각을 근본적으로 수정할 필요가 있는 것은 아닐까 하는 생각마저 들었다. 즉, 공산주의 국가처럼 '권위주의'와 '평등주의'라는 두 가지 규제력을 통해 통치되는 공동체는 원래 외혼제 공동체 가족 체계에도 존재했던 셈이다. 다시 말해 이데올로기도 하나의 구상인 것이다. 그러나 그 구상에 바탕을 두고 구축했다고 믿었던 현실의 사회 형태는 가족 형태가 사회화한 것에 불과하다. 가족 형태는 국가와 주식회사 같은 구상에서 비롯한 것은 아니다. 가족 형태의 역사를 거슬러 올라가면 인류의 역사와 같은 맥락에서 까마득한 과거에 도달하게 된다. 인간이 왜 고유한 가족 형태를 유지하는지를 명확하고 이해하기 쉽게 설명하기는 불가능하다.

사자는 그 종을 방위하기 위해 '프라이드(pride)'라는 가족 형태를 유지한다. 동물도감 사이트인 'TOMORROW is LIVED'[24]에는 사자의 프라이드에 대해 이렇게 설명해놓았다.

"프라이드는 통상적으로 암컷 그룹과 수컷 그룹으로 이루어진다. 암컷 그룹의 구성은 어미, 자매 암컷 새끼들, 사촌 암컷 새끼들과 혈연적으로 가까운 다른 암컷 사자를 포함해서 10마리 전후로 이루어진다. 수컷 그룹은 흔히 형제 관계인 사자 한두 마리로 구성된다. 수컷은 '프라이드'의 리더이며 새끼 이외의 암컷들과 동등하게 교미한다. 그렇게 태어난 수컷 새끼는 2년 반에서 3년 정도 되면 프라이드에서 쫓겨난다. 암컷은 프라이드가 그 지역에서 적절한 규모를 넘으면 2년 반에서 3년 사이에 쫓겨난다. 쫓겨난 암컷은 자매 관계의 형태로 프라이드를 형성한다. 수컷은 방랑하다가 리더가 없는 프라이드로 들어가든가, 다른 프라이드의 리더와 싸워 그 자리를 빼앗는다. 자리를 빼앗는 과정은 격렬한 싸움을 동반하며 때로 어느 한쪽이 죽기도 한다."

얼룩말은 대집단이다. 같은 사이트에 멸종 위기에 처한 그레비얼룩말에 관해 흥미로운 언급이 있다.

"그레비얼룩말은 독점적인 군집을 만들지 않고 세력권을 형성한다. 집단을 형성하는 힘이 약하고, 구성도 계속 바뀐다. 온종일 같은 집단에 속한 채 지내는 개체도 있고, 다른 군집으로 가버리는 개체도 있다. 독신인 수컷은 자기 새끼를 낳게 하려고 암컷에 접근한다. 그리고 리더 자리를 두고 서

---

24) http://www.tomorrow-is-lived.net

로 다투기도 한다. 사바나 얼룩말과 달리 군집을 형성하지 않는 것이 그레비얼룩말이 멸종의 위기에 처하게 된 원인 중 하나인 듯하다."

동물은 생존전략 차원에서 생존과 번식에 가장 유리하고 확률이 높은 가족 형태를 선택하고 그런 선택이 잘못되면 멸종의 위기에 처한다. 어쨌든 인간도 생물학적인 생존전략으로 독자적인 가족 형태를 영위해왔다. 다만, 인간의 가족은 지역에 따라 다양한 형태를 보인다. 왜 이렇게 됐는지 알 수 없지만, 세계 곳곳에 분포한 포유동물은 오로지 인간뿐이라는 사실은 이처럼 다양한 가족 형태를 유지해온 것과 밀접한 관계가 있는 듯하다.

앞서 말했듯이 중국과 러시아 같은 외혼제 공동체 가족 형태가 일반적인 지역에서 사회주의 국가가 탄생했다면(혹은 그러기에 유리한 환경이었다면) 인간이 구상한 다양한 제도 또한 가족 형태에 작용했던 강제력과 무관하지 않을 것이다. 실제로 일본의 회사 제도는 여러 면에서 '이에 제도'[25]를 모방하는 방식으로 만들어졌다. 이것은 일본에서 회사의 초기 형태가 미쓰이나 스미토모 가문에 의해 성립했다는 사실을 봐도 명백하다. 또한, 전후에 제작된 영화에서도 이런 가족 제도가 사업가 집안에 깊이 뿌리내리고 있음을 확인할 수 있다.

1958년 가와시마 유조 감독의 영화「포렴(暖簾)」은 전쟁 전부터 전쟁 후까지 오사카 센바 지역의 오래된 곤포[26] 상점을 무대로 아버지와 아들 2대

---

25) 家制度: 에도 시대에 발달한 무사 계급의 가부장적인 가족 제도에 바탕을 둔 이 제도는 메이지 민법에서 채용한 가족 제도이며, 천황과 친족 관계가 있는 사람 중 더 가까운 범위의 사람을 호주와 가족으로 한집에 속하게 하여, 호주에게 집안의 통솔 권한을 부여한 제도다. 이에의 구성원은 모두 이에의 권력자 호주에게 절대복종하게 한 제도라고 할 수 있다. 그러나 1947년 전후 개혁으로 공식적으로 폐지됐고, 호주 중심에서 부부 중심의 가족 단위가 형성됐다.

26) 袞袍: 갈조류 다시맛과에 속한 속(屬).

에 걸쳐 펼쳐지는 이야기다. 영화에서 묘사된 곤포 상점 구성원들의 관계를 보면 회사가 곧 집안 자체라는 사실을 알 수 있다.

곤포 상점에는 가부장적인 본가가 있고 본가에서 도제로 일하는 주인공은 마침내 주인에게 인정받아 분점을 내게 된다. 모리시게 히사야가 주인공 역을 맡아 명연기를 펼쳤는데, 주인공은 본가의 곤포 상점에서 함께 일하는 오토 노부코에게 연애 감정을 품고 마침내 결혼하기로 마음먹는다. 그러나 본가의 친척인 야마다 이스즈와 결혼하는 것이 분점을 내는 조건으로 제시되자 그는 갈등한다. 처음에는 어떻게든 오토와 결혼하려고 했으나 본가의 주인과 안주인의 권유 때문에 모리시게는 결국 야마다와 분점을 열게 된다.

요즘 시대감각으로 보면 뭔가 전근대적이고 불합리하다는 생각이 들겠지만, 관객은 영화를 볼수록 기묘한 감정에 휩싸이게 된다. '결혼은 두 사람의 합의에 기초를 두고 있다'는 현재 헌법에 보장된 인권은 여기에 존재하지 않는다. 처음에 두 사람은 어색했던 부부였으나 함께 일하면서 점점 친숙해지고, 결국 서로 없어서는 안 될 사이가 된다. 전쟁 전 일본에서는 이것이 당연한 풍습이었고, 이 풍습은 이대로 의미가 있었다. 그 바탕에는 혼인이 집안 사이에서 이루어지는 가족의 존속을 위한 제도이며, 개인이 자유롭게 연애하고 자기실현의 결과로서 가족을 꾸린다는 생각은 수용하기 어렵다는 사고방식이 깔려 있다.

물론 나는 오늘날 사회에 이런 관습을 부활해야 한다고 말하려는 것이 아니다. 게다가 그런 일은 일어날 수도 없다. 다만, 우리가 '전근대적'이라고 치부했던 관습에도 그 나름의 존재 이유가 있었고, 그런 관습을 당시 사회의 맥락에서 바라보지 않으면 이해하기 어렵다는 것이다.

주인공의 곤포 상점은 시대의 변화와 더불어 근대적인 회사로 발전해 간다. 거의 '현대적'이라고 해도 좋을 정도다. 그러나 겉모습은 변했지만, 이 곤포 상점의 저변을 떠받치는 에토스(ethos)는 일본 가족 제도의 에토스 자체다. 그리고 이런 상황은 일본식 경영 체계가 근본적으로 부정되는 1980년대 중반까지 중단되지 않았다.

　　이 영화의 원작은 야마자키 도요코가 쓴 동명 소설이다. 야마자키의 소설에 대해서는 잘 모르지만, 그녀의 친정이 곤포 상점을 운영했다는 사실을 생각하면 영화와 소설 모두 실제 곤포 상점의 분위기를 꽤 정확하게 묘사했다고 할 수 있다. 곤포 상점의 신입점원은 한동안 수습점원으로 일했다. 이것을 요즘 식으로 말하면 일종의 직원 교육 기간인데 수습점원은 직접 판매에 나서지는 못하고 점포 청소나 상품 운반과 같은 막일을 했다. 이 기간에 일하는 태도와 읽고 쓰기, 계산 같은 장사에 필요한 기술을 배운다. 급료는 없지만, 숙식이 제공된다. 그렇게 장사에 필요한 지식과 처신을 배우고 나면 일하는 기간이 정해진다. 그 뒤에 데다이(手代, 상점의 중간 관리자), 반토우(番頭, 상점의 지배인), 사용인 단계를 거쳐 최종적으로 분점을 낼 권한을 얻어서 자기 점포의 주인이 되는 것이 당시 출세의 과정이었다.

　　일본을 대표하는 경영자인 마쓰시타 고노스케와 혼다 소이치로 같은 인물도 각각 센바의 상점가와 자동차 수리점에서 수습점원으로 시작해서 단계를 밟아 독립했으며, 일본 주식회사의 모델이라고 할 수 있는 조직을 만들어냈다. 그들처럼 일본 주식회사의 초창기 경영자에게는 이에 제도를 근간으로 하는 가치관이 체현돼 있었다. 바로 '사장은 아버지, 직원은 자식, 회사는 가족'이라는 가치관이다. 아버지는 자식들에게 절대 권력을 행사하는 대신 그들을 부양해야 할 의무가 있다. 자식들이 일체가 돼 가문을 지키는 것이 회사의 목적인 셈이다. 일본의 '이에(家)'는 장자 상속형 가부장제를 근간으로 하며, 이에의 첫 번째 목적은 가문의 존속이다. 이런 사고 방식은 당시 주식회사의 목적에도 그대로 반영됐으며, 그것은 결국 가문의 확대를 의미했다.

제국데이터뱅크가 발표한 「장수 기업의 실태조사」(2013)를 보면 일본에는 100년 이상 된 장수 기업이 26,144개가 있다. 그런데 그 대부분이 소규모 경영 회사다('종업원 10인 미만'이 16,287개로 62.3%, '연간 매출 100억 원 미만'이 21,431개로 82%). 이런 실태가 의미하는 바는 이런 장수 기업의 최우선 목적이 존속이며, 예전의 이에와 같은 생존전략을 사훈으로 삼고 있다는 사실이다.

센바의 상점가뿐 아니라 일본의 주식회사는 역사적으로 이에 제도를 전용하는 형태의 회사 제도를 유지해왔다. 장기 존속을 목적으로 하는 이에적 공동체에 노동 성과와 임금을 등가 교환하는 성과주의는 적용되기 어렵다. 왜냐면 성과주의, 능력주의 도입은 일본의 전통적인 '장자 상속'과 '가부장제'에 바탕을 둔 권위주의적 가족 형태를 파괴하기 때문이다.

종전 후 천황을 정점으로 하는 국가주의를 해체하고자 했던 연합군 최고사령부는 그 사상적 토대인 이에 제도를 폐지했다. 이에 제도는 전후 민주주의 체제와 부합하지 않는 측면이 있는 것이 사실이다. 호주가 절대 권력을 독점하고, 자식들은 호주의 허락 없이 결혼도 독립도 할 수 없었기에 전후 민주주의 헌법이 보장하는 기본적 인권 조항에도 저촉된다. 단지, 이미 언급했듯이 민주주의도 헌법도 근대를 근대답게 한 구상이며, 가족 체계는 인류의 역사만큼이나 오래된 생물학적 생존전략을 따른 것이라는 점을 고려해야 한다. 혼례와 장례 등 고대부터 이어진 의례 행위에는 이에 제도의 흔적이 지금도 깊이 반영돼 있다. 그리고 일본 기업의 역사뿐 아니라 전후 고도 경제 성장이 끝난 뒤 상황에서도 이에 제도의 흔적은 곳곳에서 찾아볼 수 있다.

영미권의 가족 형태와 세계화

이에 제도는 폐지됐지만, 그 에토스는 쇼와 시대를 통해서도 전해졌다. 그러나 1974년부터 1990년대까지 이어진 일본의 안정적인 경제 성장 시대에 가족적 가치관에는 점진적인 변화가 생겼다. 그중 하나가 바로 소비사회의 도래다. 압도적인 생산 과잉 시대를 맞아 판매 지점이 급속도로 늘어났으며, 한 집에 한 대 있었던 TV 수상기는 한 방에 한 대, 한 사람에 한 대꼴로 늘어났다. 또한, 핵가족화는 장자 상속형 권위주의 가족 형태에서 다른 형태로 변화하는 과정을 가속했다.

또 하나의 중요한 요소는 세계화의 영향이다. 1980년대 후반 일본의 수출 공세에 직면한 미국의 기업들은 일본식 주식회사의 강점을 해체하려고 했다. 일본 특유의 회사 관습인 호송선단 방식, 즉 행정 관청을 선두로 은행, 대기업, 중소기업이 일체가 돼 산업을 견인하는 방식을 해체하려고 한 것이다. 우선, 그 동력인 은행의 힘을 약화하기 위해 선진국 합의(바젤 합의)[27]가 진행됐다. 1990년대 초반 거래 금액의 양으로 볼 때 세계 10위 안에 드는 은행이 대부분 일본의 은행이었는데, 국제금융 업무를 하는 자격

---

27) Basel Agreement: 스위스 바젤에 본부를 둔 국제결제은행(BIS) 산하 바젤은행감독위원회(BCBS)가 제정한 'BIS 자기자본비율'로 대표되는 자기자본 측정과 기준에 관한 국제적 합의다. 처음에 G-10 국가를 회원국으로 했으며 1964년 스위스가 G-10 국가로 활동하면서 회원국에 추가됐고, 이후 다른 나라들도 회원국으로 승인되어 현재 20개 국가로 구성돼 있다. 바젤 합의의 가장 중요한 문제인 'BIS 자기자본비율'이란 국제결제은행의 바젤은행감독위원회가 제정하여 은행의 자본 적정성을 판단하는 금융기관의 건전성 지표를 뜻한다.

조건으로 자기자본비율을 인상(BIS 규제)하는 쪽으로 규칙을 변경했다. 그렇게 몇 년 뒤에는 상위 10위 안에서 일본 은행은 모두 사라졌다. 호송선단 방식은 본가와 분가가 일체가 돼 상권을 확대하는 이에 제도의 복사판이라고 할 수 있다. 미국이 일본에 요구한 구조개혁은 일본 사회에 남아 있는 이에 제도를 해체하라는 요구나 다름없었다.

그렇다면 영미권 가족 제도는 어떤 특징이 있을까? 토드의 연구에 의하면, 영미 가족 제도는 친자 관계가 자유롭고 형제 관계가 평등한 절대 핵가족으로 분류된다. 앵글로색슨족에 널리 분포된 가족 형태의 근저에는 아이가 자라 성인이 되면 독립해서 자기 가정을 이루는 것을 당연시하는 의식이 깔려 있다. 다양한 가족은 일본의 본가나 분가 같은 서열 없이 각각 독립적인 단위인 셈이다. 유산 분배와 증여 등 가족 간에 존재하는 다양한 약속도 '계약'이라는 개념에 구속된다. 이런 가족 형태의 근간에서는 개인의 자유를 최대한 존중하고 그에 따라 개인은 자기 삶을 스스로 책임진다는 공통의 규칙이 적용된다. 이런 절대 핵가족 형태는 영국에서 탄생해 산업혁명을 거치면서 전 세계로 퍼진 근대적 주식회사 체계와 유사하다.

개인주의, 자기 책임제, 성과주의 같은 근대 주식회사의 가치관은 영미권 회사의 가치관과 같은 맥락에 있으며, 그것은 또한 영미 가족 체계에 내재한 가치관과도 상통한다. 즉, 이런 사고방식은 원래 세계 표준이 아니라 권위주의적 일본식이나 평등주의적 중국식과 마찬가지로 지역적인 것이었다. 오늘날 영미식을 세계 표준으로 간주하는 것은 정치적·경제적 주도권을 영미권 국가들이 장악했기 때문이다. 그들이 세계화 과정을 추종하는 국가들에 대해 자신의 규칙을 부과하는 것은 단지 그편이 그들에게 효율적이기 때문이다.

영어가 세계 언어가 된 상황은 단지 영어가 국가 간 사업에 흔히 사용된다는 것 외에 특별한 이유는 없다. 주도권 국가는 자신에게 유리한 규칙을 따르도록 다른 나라들에 강요한다. 국가 간 이해관계에서 우월한 위치를 차지하려고 시도하는 것은 당연한 일이고, 험난한 외교 교섭 등을 통해 상대 국가에 양보를 강요하는 일도 자주 벌어진다. 이런 구도는 국민국가가 탄생한 이래 계속되고 있다. 일본은 대미 관계에 약하고, 국익보다는 기업 이익(그것도 다국적 기업의 이익)의 관점에서 상대에게 우월한 위치를 내주는 경향도 있다.

유럽에서는 가족 형태가 일본과 유사한 점이 많은 독일 라인 강 지역에 제도와 가치관이 쇼와 시대 일본과 유사한 회사가 여전히 많이 남아 있다. 대부분 기계식 시계와 완구 등을 생산하는 이런 회사의 특징은 확장을 꾀하지 않고 지속적인 경영을 목표로 하는 소기업이며 세계 경제가 정치 상황과 금융적 조작으로 부침을 겪을 때도 안정적인, 이른바 '정상 경제'를 지향한다. 이런 기업군의 경영 방식을 바탕으로 사회 체계를 형성한 자본주의를 프랑스의 경제사상가 미셸 알베르는 '라인 형 자본주의'라고 부르며 그 가능성에 대해 언급했다.

그는 1990년대에 출간한 『자본주의 대 자본주의(Capitalisme contre captialisme)』에서 자본주의에도 다양한 형태가 있다는 가설에서 출발해 이를 조사하고 입증했다. 다양한 가족 형태가 사회 형태의 원형적 역할을 한다면, 경제 체계와 정치 체계도 다양할 것이다. 만약 이런 가설이 타당하다면, 다양한 회사 형태와 국지적인 국가 운영이 자연스럽고, 오히려 세계화 체제가 부자연스러운 정치적 구상인 셈이다.

다양성과 공존의 방식

만약 세계화가 지금 같은 속도로 진행된다면, 결국 '국가'라는 구조 자체가 존속하기 어려울 것이다. 설령 지속한다고 해도 그것은 내정 불간섭 원칙과 국민적 독립, 사회와 문화의 다양성을 담보할 수 없는, 단지 경제적 역할만을 분담하는 국가가 될 것이다. 이것은 '국가의 시장화'라는 현상으로 이미 그 과정이 시작됐다고 봐도 좋을 것이다.

세계는 이제 전 세계의 부를 독점하고, 그 독점을 지속하려는 전략과 정책을 추진하는 주도권 국가와 저렴한 노동력을 공급하는 기능과 시장으로서 존재하는 국가로 나뉘고 있다. 이런 상황에서 국가는 '국가'라는 이름에 지나지 않으며 단순히 국가 규모의 시장에 불과하다. 왜냐면 여기에 국가의 주인공인 국민은 존재하지 않고 단지 '소비자'라는 동질 집단이 있거나 노동력과 빈곤층, 인종적인 소수자로 간주하는 사람들이 있을 뿐이다.

국민국가가 존속하려면 여러 국가의 국민이 자신의 언어로 의사소통하고, 스스로 제정한 법의 지배를 따르고, 자국의 화폐로 교환하며, 자신의 문화를 전승하는 등의 활동을 할 수 있어야 한다. 현재 '민주주의'라는 정치 체제는 이런 것들을 제어하고 있다. 자본주의는 '민주주의'라는 배경이 있을 때 역사상 가장 효율적이고 유익한 경제 체계로 작동하지만, 만약 '민주주의'라는 맥락이 사라지면 약육강식의 원칙이 지배하는 세상이 된다.

오늘날 세계에서 발생하는 문제는 선진국의 총수요가 감소했다는 것과 이전에 식민 지배와 독재로 발전이 저해됐던 나라들이 민주화하고 급성장하는 단계에 진입했다는 두 가지 국면이 동시에 진행되는 데 있다. 선진국이 저성장 결과로 나타난 수요 감소를 해결하는 방법으로 개발도상국 시장을 점령할 때 가장 빠른 방법은 국민국가 구조를 해체하는 것이다.

그러나 자유무역이 진척돼 세계가 하나의 시장이 되는 데에는 국가 단위가 아니라 전 지구적 규모의 위험이 도사리고 있다는 사실에 주목해야 한다. 그것은 문자 그대로 세계의 다양성이 소멸하는 결과로 이어질 것이다. 만약 리먼 쇼크 당시 미국이 세계 국가였다면 어떻게 됐을까? 일본의 미쓰비시 UFJ 파이낸셜 그룹이 구제한 미국의 거대 증권회사 모건 스탠리는 살아남았을까? 아마 타국의 지원을 받지 못한 채 붕괴한 기업의 도덕성을 바로 세우지도 못하고, 도덕성을 직시하지도 못했을 것이다. 또한, 채권시장의 신용 실추는 통화에 대한 신용 추락을 초래하고, 인플레이션과 함께 상품시장 자체를 붕괴시켜 전 세계적으로 약육강식의 논리가 지배하는 무질서 상태가 됐을 것이다.

세계의 다양성이 보존된다면, 한 국가의 경제가 무너져도, 그 밖의 다른 국가에서는 경제 체계가 작동하고, 한 국가의 법체계가 무너져도 다른 국가에서는 법의 지배가 작동할 것이며, 세계가 연쇄적으로 위기에 빠지는 위험을 막을 수 있다. 컴퓨터 체계의 세계와 중앙집권적인 체계의 세계에서는 중앙통제 시스템이 파괴되면 모든 기능이 작동을 멈추게 되므로 그런 상황을 피하고자 분산통제 체계가 도입됐다.

원래 종교도 문화도 문명의 발달 수준이 각기 다른 국민국가 사이에서 시장만을 통일해서 하나로 만든다는 발상은 얼핏 투명하고 공평한 듯 보이지만, 엄청나게 불공정한 것이다. 중국이라는 유라시아 초(超) 대국이 그 내부의 다양한 민족, 종교, 문화를 포함하면서도 하나의 사상으로 통일하려는 과정에서 여러 가지 문제가 발생하는 현실을 돌아보면, 적절한 규모의 국민국가로 분산된 상태에 장점이 훨씬 더 많다. 그것이 허용되지 않는 이유는 중국의 내부 사정 때문만이 아니라 중국이 아직 영토 확장 이데올로기에서 벗어나지 못해서다. 만약 중국이 팽창 정책을 계속해서 밀고 나간다면, 중국의 팽창을 막으려는 타국과 충동할 위험이 있지 않을까? '압제가 무질서보다 낫다'는 말이 있기는 하지만, 역사는 압제를 통한 질서 유지가 오히려 예외적이라는 사실을 명백히 보여주고 있다. 그 한 가지 이유는 압제자가 다양성을 두려워해서 주변 지역을 차례차례 자신의 통치 영역으로 편입하고, 하나의 사상으로 통일하려는 시도를 포기하지 않으므로 확대 정책은 끝없이 이어진다는 데 있다. 그러나 그것은 한순간에 전체 체계가 무너질 위험이 그만큼 늘어난다는 것을 뜻한다.

일본에서는 동일본 대지진과 후쿠시마 원전 사고를 겪었다. 그 사고로 많은 사람이 일본 전체가 순식간에 파멸할지도 모른다는 공포를 경험했다. 만약 원전 사고의 영향이 도쿄까지 미쳤다면, 수도의 기능이 마비됐을 뿐 아니라 모든 정치 기능이 수도에 집중된 일본 전체의 기능이 마비됐을 것이다. 그러나 정치 기능을 분산하고, 수도 이전을 고려하는 등 집중을 막으려는 논의는 정치가 사이에서 진지하게 검토되지 않고 있다. 국가만이 아니라 세계도 집중이 아니라 분산을 통한 공존을 구체화하는 것은 우리가 생존하기 위해 자연에서 배워야 할 지혜다. 효율만을 중시하는 중앙집권적 체계와 지속을 위한 공존 체계라는 두 가지 사고방식이 서로 싸우는 것이 오늘날 상황이다.

4장.
고양이 마을에서 바라본 자본주의

도시 속 시골 마을

나는 고탄다 역과 가마타 역을 잇는 지역 철도인 이케가미센 근처에서 태어나고 자랐다. 이케가미센은 1922년 이케가미 혼몬지[28]의 참배객을 수송할 목적으로 '이케가미 전기철도'라는 회사가 부설한 선로다. 1934년 이케가미 전기철도는 메구로가마타 전철[29]에 흡수합병 됐다. 그 2년 전에 오즈 야스지로[30] 감독은 쇼치쿠(松竹) 영화사에서 이케가미센과 가마타센[31]이 자주 등장하는 무성영화의 걸작 「태어나 봤지만(生れてはみたけれど)」을 제작했다. 1932년은 5·15 사건[32]이 있었던 해로 기억한다.

이케가미센의 스에히로 역[33]과 게이오대학 운동장 역[34] 사이 좁은 지역 한구석에서 아버지는 공장을 경영하셨고, 장남인 나는 그 공장을 물려받기로 돼 있었다. 스에히로 역에서 집으로 가는 길에는 스에히로 상점가가 있었는데, 작은 점포들이지만 늘 활기가 넘쳤다. 하지만 내가 대학을 졸업할 무렵에는 분위기가 매우 위축됐다. 나는 대학을 졸업하고 가업인 공장을 물려받는 데 별로 관심이 없었고 2년간 백수로 지낸 뒤 번역 회사를 차렸다. 그 후 35년간 본가와 상점가에서 떨어져 있었으나, 부모의 병구완을 계기로 다시 이케가미센 연변으로 돌아왔다. 그렇게 본가로 돌아온 뒤

---

28) 池上本門寺: 도쿄 오타구에 있는 일련종의 대본산.

29) 目黒蒲田電鉄: 나중에 도큐전철(東急電鉄)이 됐다.

30) 小津安二郎: 미조구치 겐지, 구로사와 아키라와 함께 일본영화의 3대 거장으로 꼽히는 영화감독.

31) 지금은 다마가와 역에서 메구로센과 다마가와센으로 나뉜다.

32) 무장한 해군 청년 장교들이 총리 관저에 난입해 총리대신을 살해한 사건이다. 일본 사회가 우경화되는 가운데, 민간 우익과 청년 장교들이 시국을 혼란에 빠뜨린 후 군부 내각을 만들려고 일으킨 사건이다. 사건 직후 주도자들은 체포됐으나 이후 군부가 정치 전면에 대두했다.

33) 지금의 구가하라(久が原) 역.

34) 지금의 지도리쵸(千鳥町) 역.

에 구가하라 역에서 이케가미센을 자주 이용하게 됐다.

고탄다 역으로 향하는 세 칸 전차에 타고 있노라면, 옛 풍경이 눈에 보이는 듯하다. 고탄다 역 세 정거장 전이 에바라나가노부 역인데 예전에 역 앞에는 '에바라 오데옹'이라는 영화관이 있었다. 고교 시절에는 커다란 영화 간판이 걸렸었고, 그 간판에 매료돼 몇 번인가 도중에 전차에서 내려 영화를 봤던 일이 기억난다. 최근에 나는 이곳 에바라나가노부에 다방을 열었고, 결국 사무실도 이곳으로 옮겼다. 오데옹 극장은 없어졌는데, 알아보니 1952년에 개관했고 1987년에 폐관했다. 현재 이곳에는 아파트가 들어섰고, 영화관이 서 있던 자리 근처 도로변에 내 사무실이 있다. 내가 고교생이었던 열일곱 살 때부터 지금까지 동네도 사람들도 몰라보게 변했다.

도시 개발은 어떤 의미에서 잔혹하다. 물론 동네는 깨끗하고 산뜻해졌지만, 그 파괴와 건설의 과정은 동네의 역사와 기억마저도 묻어버렸다. 내 안에 있던 기억도 산산이 부서져 사라졌으나 이 동네로 돌아온 뒤로 조금씩 되살아나는 것을 느낀다. 관심 있게 바라보면, 이 동네 구석구석에 여전히 남아 있는 쇼와 시대 분위기를 느낄 수 있다. 역에서 나와 골목길을 걷다 보면 이 지역에서는 '엔카의 꽃길'[35] 같은 분위기가 물씬 풍긴다. 좁은 골목길에 색색의 빛을 발하는 바가 열댓 군데 늘어서 있다. 밤이 되면 취객의 노랫소리가 길에서까지 들릴 정도여서 지금이 어느 시대인지, 내가 어디를 헤매고 있는지 헷갈릴 정도다. 이런 골목길이 남아 있는 곳은 이케가미센 근처에서는 이 동네뿐이다. 괜찮은 동네로 돌아왔다는 생각이 든다.

태어나고 자란 스에히로 상점가를 오랫동안 떠나 있다가 에바라나가

---

35) 가라오케가 늘어선 거리 풍경의 비유적인 표현.

노부 상점가에서 가까운 곳으로 돌아와 처음으로 엔카의 꽃길에 들어섰을 때 갑자기 다이쇼 시대(1912~1926) 시인 하기와라 사쿠타로가 떠올랐다. 그가 호쿠리쿠 지역의 퇴락한 거리를 걷다가 시공이 갈라진 틈으로 빨려 들어갔다는 특이한 체험을 고백한 일화도 떠올랐다. 사쿠타로의 산문시 「고양이 마을(猫町)」에 당시의 상황이 묘사돼 있다.

"나는 환등(幻燈)을 보고 있는 것은 아닌가 생각하며 마을 어귀에 다가갔다. 그리고 천천히 그 환등 속으로 들어갔다. 나는 마을의 좁은 골목길을 잠시 헤매다가 번화한 큰길 한가운데로 나갔다. 그곳에서 눈에 비친 거리는 너무도 특이한 인상을 풍겼고, 접근하기 어려워 보였다."

그리고 사쿠타로는 놀라운 광경을 목격한다. 시인의 이 인상적인 글은 후세에도 잘 알려졌다.

"눈앞에서 마을의 거리를 메운 고양이의 대집단이 우글우글 움직이고 있었다. 고양이, 고양이, 고양이, 고양이, 고양이, 고양이, 고양이."

고양이와 대화하기

나에게는 물론 사쿠타로와 같은 약물 중독의 영향이나 착란 같은 것은 없다. 이 거리를 걷다 보면 실제로 많은 고양이를 만나게 된다. 나는 그들에게 이름을 붙여주었다. 병원에 가는 길에 만난 얼룩 고양이는 카타코리(신경통) 군, 늘 공원에서 눈을 감고 있는 고양이는 이네무리(졸음) 군, 문구점 옆 골목을 들락거리는 고양이는 게시고무(지우개) 군, 여유롭게 큰 길을 가로지르곤 하는 고양이는 주료[36] 군 등으로 불렀다. 엔카의 꽃길을 빠져

---

36) 十両: 씨름꾼 계급의 하나.

나와 조금 걸어가면, 우리가 이사한 가정집 같은 단독주택 사무실이 있다. 이 집은 원래 동네에서 인기 있던 식당이었는데, 후계자가 없어서 비어 있었다. 요즘 상점가는 어디든 후계자가 없어서 사업 승계가 고민거리가 되고 있다.

그 빈집은 우리가 운영하는 다방에서 가까웠기에 임대했다. 주방이었던 공간에도 책상을 나란히 놓고 업무 공간으로 활용하고 있다. 아키하바라와 달리 이곳은 무엇보다도 조용하고, 거리 여기저기서 고양이를 자주 만날 수 있다는 점이 가장 달랐다. 다방 뒷문을 열어놓고 카레를 만들면 게시고무 군이 옆 건물 이 층 바깥 계단에 앉아 다방 쪽을 내려다보곤 한다.

사무실 뒤쪽에는 나무가 많은 공원이 있는데, 뒷문으로 나가 잠깐 쉬다 보면 이네무리 군이 햇볕을 쬐며 기분 좋은 표정으로 눈을 감고 있다. 이네무리 군이 나무 아래서 오줌을 누고 나서 요령 있게 모래로 덮는 모습을 보고 있노라면 자연은 참으로 정교하게 조직돼 있음을 실감하게 된다. 고양이가 야생동물이었던 시절, 외부의 적이 흔적을 찾을 수 없게 냄새를 없애는 방법의 하나가 바로 이렇게 배설물을 모래로 덮는 의식이었다.

사무실 앞 일방통행 길을 여유 있게 가로지르는 살찐 고양이 주료 군처럼 도쿄에서 이렇게 고양이들이 어슬렁거릴 수 있는 동네는 그리 많지 않다. 나는 종종 고양이와 대화한다.

"안녕, 얘들아, 나하고 잠깐 얘기 좀 할까? 이 동네에서 살기 괜찮아? 친구들은 어떻게 먹을 것을 구하지? 아플 때는 어떻게 해?"

이렇게 물어보곤 하지만, 나는 고양이 말을 몰라서 그들과 대화할 수는 없다. 때로 나는 고양이들이 이 동네 원주민이고, 인간이 나중에 우르르 몰려들어 제멋대로 집을 짓고, 길을 콘크리트로 덮고, 철골 아파트를 세우고, 상점가를 만들고, 주차장을 구획해서 고양이들의 마을을 파괴한 것은 아닌가 하는 착각에 빠진다. 그래서 고양이들이 우리의 이런 행동을 동네 여기저기서 지켜보고 있는 듯한 기분이 들곤 한다.

그들은 이렇게 생각하지 않을까? "당신들은 마을을 파괴하고 건설하고, 건설하고 파괴하는 짓을 악착같이 반복하면서 쓰레기를 엄청나게 배출하는데, 당신들은 도대체 어디로 가려고 하는가?"

고양이 마을에서는 인간 생활이 도를 넘었음이 한눈에 보인다. 우리는 이케가미센 근처 아파트를 빌려 서재로 쓰고 있는데(부모님 병구완 때문에 가족과 떨어져 살다가 본가에서 나온 뒤에도 여전히 기러기 생활을 하고 있다), 이토록 많은 쓰레기가 나오는지 모르고 있다가 깜짝 놀랐다. 매일 이곳을 사용하지도 않는데, 부엌에 큰 쓰레기통 두 개에 포장 용기, 페트병, 주스와 맥주 캔, 맥주병이 매주 차고 넘친다. 신문에 끼여 배달되는 광고전단과 상품 카탈로그로 폐지 쓰레기통도 금세 가득 찬다.

지구의 모든 생물 중에서 인간만이 이토록 많은 쓰레기를 배출한다. 문명인의 생활은 어쩌면 쓰레기를 만들고, 쓰레기를 치우는 삶이다. 개도, 고양이도, 가축도, 야생동물도 쓰레기를 남기지 않는다. 그들의 배설물은 시간이 흐르면 땅으로 돌아간다. 그들은 집을 짓거나 부수지 않는다. 보금자리는 자연 그대로 풀숲이나 나무뿌리 사이, 혹은 인간이 만든 건축물에 있다. 해가 뜨거운 여름에는 어디가 시원한지, 추운 겨울에는 어디가 따뜻한지 잘 알고 있다. 그들은 자연과 조화를 이루며, 아니 그런 것은 생각지도 않고 자연의 일부로서 살아간다. 인간만이 자연에 도전하고, 자연과 대립하고, 자연을 가공한다.

최근에 '지속 가능한 사회'라는 말이 유행하는데, 인간을 제외하면 어떤 생물도 지속 가능한 사회라는 것을 생각조차 하지 않고 살아간다. 지속 가능한 사회는 오로지 인간에게 국한된 개념으로 다른 생명체한테는 너무도 당연해서 염두에 둘 필요조차 없기 때문이다. 인간만이 변함없이 쓰레기를 배출하고, 이제는 쓰레기를 처리할 공간이 없어 고민하고 있다. 최근에는 핵폐기물처럼 극도로 위험한 쓰레기까지 배출하고 있다. 이대로 가면 지구는 쓰레기로 가득 차게 될 것이다. 그런데도 세계 곳곳에서 인간은 경제 성장을 목표로 분투하고 있다. 경제 성장은 필연적으로 쓰레기를 늘리기 마련인데, 이런 상황을 과연 몇 사람이나 진지하게 생각할 것인가?

우리는 고양이들의 질문에 대답해야 한다.

"당신들은 도대체 어디로 가려고 하는가?"

대량 생산, 대량 소비, 대량 폐기

현재 아베 신조 정권은 정책적으로 경제 성장 전략을 우선으로 구사하고 있다. 아베 정권만이 아니다. 전후 일본의 정권은 예외 없이 성장 전략을 구사하며 경제 성장을 실현하다가 1990년 이후 성장이 멈춘 정체기로 접어들었다. 일본은 전후 놀라운 경제 발전을 이룩하고 세계적인 문명국가가 됐다(문명국가는 문화국가와 다르다). 세계 수준의 철도망이 발달했고, 소비도 활발했고, 풍요로운 삶을 누렸다.

이런 문명국가 일본의 모습이 달라진 것은 2005년을 전후해서 인구가 감소하기 시작하고, 국내총생산의 성장세가 둔화하면서부터다. 이 책 3장에서도 잠깐 언급했지만, 나는 5년 전에 향후 수십 년간 아무리 경제 성장을 원해도 실현할 수 없다는 관점에서 『이행기적 혼란』을 출간했다. 거기서 나는 인구 동태와 경제의 장기적 관계를 살피면서 한 가지 가설을 세웠는데, 물론 이에 대한 반론도 만만치 않았다. '기술개혁을 통한 발전의 여지는 아직 남아 있다. 세계화 전략을 통해 발전도상국의 성과를 흡수하면 인구와 총수요의 감소에도 대처할 수 있다. 사이버 공간은 무한하므로 금융 기술을 발전시켜 우월한 국가적 지위를 확보하는 것도 방법이다.' 이런 다양한 반론 중에서 나를 설득한 것은 없었지만, 만약 이런 반론의 타당성을 모두 인정한다고 해도 한 가지 의문이 남는다. 그것은 역시 고양이 마을 주인의 "인간은 파괴와 건설을 반복하면서 도대체 어디로 가려고 하는가?"라는 질문이다.

현대를 특징짓는 사회·경제 체계의 많은 부분이 17세기 중반부터 18세기에 걸쳐 고안된 것이다. 기계를 이용한 생산 체계도 그렇고, 국민국가들의 전략적 교역도 이 시기에 발전했다. 그리고 성장 동력이 없었던 중세 사회에서 경제적으로 성장하고 발전하는 사회로 옮겨갈 수 있었던 것은 이 시기에 발명한 '주식회사'라는 자본 조달 체계에 빚진 바 크다. 즉, 자본과 경영의 분리를 통해 다양한 출처의 자본을 통합할 수 있게 됐으므로 이전과는 비교할 수 없이 거대한 규모의 자본을 조달하게 됐다.

17세기 후반 원양 항해를 위한 자본 조달 수단으로 고안된 주식회사 체계는 이후 100년간 온갖 사기와 협잡의 온상이 돼 영국에서 그랬듯이 의회가 금지하기도 했고, 교회의 비판을 받기도 했다. 그러다가 18세기 중반에 시작된 산업혁명 덕분에 주식회사 체계는 숨을 돌릴 수 있었다. 기계식 생산 체계를 도입하는 데에는 거대한 자본의 조달이 필요했고, 자본 조달에 '주식회사'라는 체계는 필수적이었기 때문이다. 그때부터 지금까지 주식회사는 경제 발전의 원동력으로서 경제 체계의 근간을 이루고 있다.

생산 기술의 발전, 소비 확대, 기술 발달, 부르주아 계급의 출현, 의료와 교육의 보급, 민주화의 진척, 인구의 지속적 증가 등이 동시에 일어나면서 경제는 비약적으로 성장했고, 새로운 시대의 맥락을 형성했다. 그러나 문명의 발전을 구가했던 선진국들의 경제 성장이 둔화하기 시작하자 문제점 또한 보이기 시작했다. 재정과 금융 기술로 단기적인 호경기나 성장을 실현할 수는 있지만, 상식적으로 생각할 때 사회가 성장한 것은 성장 단계에 있던 어린이가 성인이 된.것과 유사하다. 고양이 마을 주인들이 우리에게 제기한 문제는 이후로도 경제 성장이 가능할 것이냐, 아니면 정상 경제로 전환할 수 있느냐는 문제가 아니다.

그보다는 이대로 경제 성장을 계속할 때 인간은 과연 어디로 가게 되느냐는 문명사적 문제에 대해 답을 달라는 것이다. 현재 우리를 둘러싼 경제 환경은 대량 생산, 대량 소비, 대량 폐기의 순환으로 유지되고 있다. 주식회사는 성장을 전제로 고안된 체계인 만큼, 성장해야만 생명을 유지할 수 있다. 따라서 무엇보다도 경제 성장이 필요하며 대량 소비를 가능케 하는 소비 촉진 수단을 계속해서 찾는다. 그것의 효과가 약해지면 또다시 새로운 수단을 찾아내야 한다.

국민국가의 구성원은 주식회사의 숙명이라고 할 '성장병'에 대해 어떤 태도를 보여야 할까? 정치가는 자기 정치 생명의 큰 부분을 주식회사에 의존하고 있다. 주식회사의 경영자들 또한 성장을 지속시키지 못하면 그 소유자인 주주들에게 버림받을 운명에 처한 사람들이다. 현재 국가는 주식회사에 의해 지탱된다고 해도 과언이 아니다. 왜냐면 국가가 구사하는 경제 성장 전략은 실제로 주식회사의 전략이고 국가가 말하는 성장 시나리오의 내용 또한 주식회사 경영자의 말과 별반 다르지 않다.

주식회사는 오로지 이윤을 추구하기 위해 고안된 체계이며 그 밖의 것에는 전혀 관심이 없다. 물론 주식회사의 구성원은 인간이므로 인간의 관심을 반영한 활동을 한다. 그러나 주식회사를 소유한(그렇다고 규정된) 주주에게는 투자한 돈을 주식회사가 불려주는 것만이 관심사여서 주식회사가 어떻게 운영되는지, 사회적 공헌을 하는지, 종업원들의 생활은 안정됐는지, 이런 문제들은 이차적이거나 이윤과 관계있는지에만 관심이 있다. 이런 편향된 성격의 주식회사도 국민국가가 발전도상에 있을 때는 그 성격이 서로 일치하는 경향이 있다.

그러나 국민국가의 목적은 국민의 생명과 재산을 보호하고, 국민이 안심하고 생활을 영위할 수 있게 하는 데 있지만, 주식회사의 목적은 오로지 이윤 추구뿐이므로 둘이 지향하는 가치는 필연적으로 상호 부합할 수 없다. 국가가 성숙한 단계에 도달했을 때 생각해야 할 문제는 어떻게 하면 이런 평안과 안정을 계속해서 유지할 수 있느냐는 것이지, 어디까지 성장하겠느냐는 것이 아니다. 그 이유로 끝없이 성장을 계속한 국가는 역사적으로 존재하지 않았다는 사실을 들 수 있다. 또한, 인간을 제외한 모든 동물은 생물학적이고 본능적인 직관에 따라 지속 가능한 정상적 환경이 중요하다는 것을 알고 있다. 인간도 영원한 성장은 불가능하다는 사실을 본능적으로 알고 있지 않을까? 그런데도 지속적인 경제 성장을 외치는 것은 근시안적인 인간이 늘어나고, 단기적 이익 추구에 혈안이 된 기업이 인간의 가치관마저 기업적인 것으로 변질시킨 탓이다.

신체가 하는 말에 귀 기울이기

주식회사는 자본 조달을 위해 인간이 구상한 체계다. 하지만 누구나 이것이 단지 구상에 불과하다는 사실을 알면서도 이제 너무 거대해졌기에 인간 생활의 세부까지 영향을 끼쳐도 어떻게 해볼 수가 없다. 리먼 쇼크 당시 미국 정부는 공적 자금을 투입해서 보험 회사의 도산을 막았다. "파산하면 일반 시민이 입게 될 피해가 너무 커서 그대로 내버려둘 수 없다."는 것이 이유였다. 한두 회사가 벌인 일이 이 같은 재앙을 낳았는데, 전 세계에 뿌리를 내린 주식회사 네트워크를 간단히 해체하기는 불가능하다.

따라서 주식회사의 가치관이 정부의 가치관이 되고, 급기야 일반 대중의 가치관이 되는 현상을 이대로 내버려둔다면, 우리가 사는 세계는 어떻게 될까? '주식회사의 가치관'이라고 했지만, 바로 말하면 이것은 오로지 이윤을 극대화하기 위해 비용을 최대한 줄이고, 노동 생산성을 무한대로 끌어올리려고 노동자들을 쥐어짜고, 무슨 수단을 쓰든 효율을 최대화하려고 하고, 비용 발생 부분을 어떻게든 외부에 떠맡기려고 하는 사고와 행동의 방식이다. 그러나 우리 생활을 유지하려면 이런 가치관에 따라 행동해서는 안 되는 일들이 너무도 많다. 의료와 교육이 대표적인 경우다. 왜냐면 의료와 교육 분야에서 이윤을 극대화한다면 필연적으로 내용과 질이 나빠지고, 이윤을 많이 남겨주는 고객을 선호하는 차별이 생길 것이 자명하기 때문이다. 의료와 교육은 주식회사처럼 단기적 이익을 추구해서는 안 되며, 긴 안목으로 운영해야 한다.

교육을 통해 배양한 가치관과 비판 정신, 상상력 같은 덕목은 단기적 이익과 부합할 수 없다. 주식회사의 모든 구성원은 주식회사의 존립 기반 자체를 회의할 수 없지만, 교육은 늘 현재의 교육 체계 자체를 의심하고 갱신하는 지성을 배양하는 것이 여러 가지 목적 중 하나다. 의료도 역시 한정된 자원을 배분하면서 공평하고 균형을 유지하는 의료 체제를 통해 지역민의 건강을 보살피는 기능을 해왔다. 의료도 교육도 영리사업과 어울릴 수 없는 분야다.

　상품 교환은 상품시장에서 상호 대칭적인 생산자와 소비자에 의해 이루어지지만, 의료와 교육에는 이 같은 교환 대상인 상품이 애초에 존재하지 않는다. 교사와 의사는 지식을 갖춘 사람들로 그들의 기술과 치료는 원칙적으로 학생과 환자에게 증여의 형태로 전달되고, 그 보상은 돈이 아니라 치유되고 지식을 얻은 사람들이 그것을 어떤 형태로든 사회에 증여하는 방식으로 이루어졌다. 물론 교사와 의사는 수업료와 치료비를 받았지만, 그것은 그들의 원초적 목적물이 아니라 약품과 재료, 교육 설비로 제공된 서비스와 자신을 구속한 시간의 '비용'이었다. 물론 이것은 사회가 극도로 자본화하기 이전의 이야기다.

　상품 교환의 대원칙은 상품의 내용이 소비자에게 제시되고, 그 가치가 시장에 의해 결정된다는 것이지만, 의료와 교육은 그 핵심 가치가 명확하게 제시되기 어렵다는 측면이 있다. 환자와 학생은 자신이 받은 것이 무엇인지를 받고 난 다음에야 알게 되고, 때에 따라서는 그 가치를 몇 년이 지난 뒤에야 깨닫기도 한다. 즉, 사고파는 것이 생산자와 소비자의 대칭 관계에서 이루어지는 상품 교환과 달리, 이 경우는 비대칭 관계에서 성립하는 교환, 다시 말해 '증여적 교환'이다. 인간 사회가 안정적으로 유지될 수 있는 것은 경제에서 증여적 교환이 어느 정도 기능한 덕분이다. 모든 것이 '상품 교환적' 체계에서 거래 과잉 상태에 놓이면, 구매력에 따라 위계가 고착되고, 경쟁적이고 배금적인 가치관이 팽배해진다. 요즘 백화점에서 '갑질 고객' '진상 손님'이 늘어나는 것도 그런 까닭이다. 그리고 경제 성장의 신화가 생긴 것도 이 같은 경쟁적이고 배금적인 가치관이 되돌릴 수 없을 정도로 지배적인 상태가 돼버린 결과다.

생물로서 인간은 영구적으로 성장을 계속할 수 없다. 자연과 더불어 살아가야 하는 인간 신체 유전자에는 다양한 기제가 작동한다. 우리는 한편으로 '주식회사'라는 구상에 사로잡혀 있으면서 다른 한편으로 자연의 일부로서 신체의 제한을 받으며 살아간다. 이 같은 신체의 유한성, 규칙적인 주기, 태어나서 죽을 때까지의 시간은 인간의 행동과 생각을 제한한다. 피곤하면 쉬고, 피로가 풀리면 다시 일한다. 성장이 멈추면 성숙하기 시작한다. 다른 사람들의 힘을 빌리고 다른 사람들과 더불어 살아간다.

문명의 발전은 어떤 가혹한 자연조건에서도 살아갈 조건을 갖추도록 도구와 기계를 만들어냈다. 가혹한 자연조건을 완화하고, 환경을 보존하기 위해 어느 정도 에너지가 필요할까? 우리는 자연이 아니라 자신을 통제하면서 자연과 관계 맺는 방법을 익혀야 한다. 그러지 않으면 무한하다고 생각했던 자연은 소진할 것이며, 오늘날 바로 그런 전조가 보이기 시작했다.

고양이 마을이 내게 전해준 교훈은 우리가 동물, 자연과 관계 맺으며 살아가는 법을 배워야 한다는 것이다. 뒷골목에서 바라보면 고양이 마을의 생태가 이치에 맞다. 고속도로에 가로막힌 콘크리트 도시에서 죽도록 경쟁하는 인간의 생태야말로 무리한 방식이 낳은 결과다.

5장.
공중목욕탕은
새로운 경제의 해답인가

공공의 생활공간

예순 살이 넘자 웬일인지 마을 산책이 즐거워졌다. 쇼와 시대, 중학생이던 나는 어떻게 하면 우리 집에서 운영하던 땀과 기름 냄새 풍기는 공장에서 탈출할 수 있을지, 그 생각만 했다. 별다른 이유가 있었던 것은 아니다. 단지 땀과 기름 속에서 일생을 보내고 싶지 않았을 뿐이다. 아니면 '입신양명'이라고 할까, 뭔가 출세한 사람, 빤히 보이는 미래의 나와는 다른, 멋진 사람이 되고 싶다는 동경에 사로잡혀 있었던 것 같기도 하다.

전후 일본이 제조업 기술을 배경으로 고도의 경제 성장을 이룩하고, 1970~80년대 이차 산업에서 삼차 산업으로 전환하는 국면에서 당시 아이들은 강한 인상을 받았던 것 같다. 실제로 젊은이들은 화이트칼라가 되는 것을 출세의 사다리를 오르는 조건으로 여겼다. 나는 화이트칼라 샐러리맨에 대한 동경은 없었지만, 그렇다고 블루칼라로 일생을 마치고 싶지는 않았다는 점에서는 그들과 같았다. 실제로 '화이트칼라'라는 말 자체가 노동자에 대한 차별적인 정서를 담고 있었다.

'화이트칼라'라는 말은 미국의 사회학자 밀즈가 1951년 출간한 책의 제목에서 미국 중간 계층을 특징짓는 직업군 형태를 지칭한 것이다. 미국에서는 1950년대에 이미 '화이트칼라'라고 부르는 중간 계층이 출현했으나 일본에서 이런 용어가 퍼진 것은 그로부터 15년쯤 지난 뒤였다. 지금 돌아보면, 일본의 1960년대는 가내수공업자들과 직인들이 사는 마을이 점차 화이트칼라들의 거주지가 되어가던 과도기였던 것 같다.

내가 졸업한 중학교는 근처 네 곳의 초등학교를 졸업한 학생들이 모여 반을 편성했다. 네 곳 초등학교는 위치한 지역에 따라 주민의 생활환경이 꽤 달랐다. 나는 이케가미센과 가마타센 사이 주택과 공장과 상점 들이 섞

여 있는 마을 출신이다. 그 지역에는 초등학교가 하나 더 있었고, 그 근처에 조선초급학교도 있었다. 이즈쓰 가즈유키 감독의 영화 「박치기(パッチギ!)」에 나오는 것처럼, 일본 학교 학생들과 조선학교 학생들의 반목은 내가 직접 목격한 사실이기도 하다. 내가 살았던 지역에는 봉건적 관습이 있었고 인종차별도 있었으며 신분 격차도 있었다. 또한, 전후 흥흥한 분위기가 마을 곳곳에 남아 있었다. 나는 다른 초등학교를 졸업하고 나서도 졸업생들과 교우관계를 지속했다. 우리 지역의 서쪽, 가마타센과 다마가와 사이에 있는 동네는 공장 지역으로 마을 공장에서 일하는 직인들의 주거지가 포함돼 있었다.

이케가미센 동쪽 언덕길 위쪽에 또 하나의 초등학교가 있었는데, 그곳은 고급 주택가로 아이들은 부자들이 사는 특별한 지역이라고 생각했다. 전후 15년, 일본은 소득에 따라 계급이 분화된 사회였다. 반경 1킬로미터가 채 안 되는 지역이 그 정도로 명확하게 구분돼 있었다는 것은 지금 생각해도 놀랍다. 중학교 시절 아침이면 여러 지역에서 아이들이 가방을 메고 등교했다. 부자 동네 아이들은 학교에서 자기들끼리 무리를 짓고 있었는데, 이들 사이에서 출신을 따지는 일은 없었고, 단지 달리기를 잘한다거나 공부를 잘한다는 정도의 구분이 있었을 뿐이다.

나는 중학교에 들어가기까지 공중목욕탕에 다녔다. 우리 집에서 걸어서 5분 거리에 공중목욕탕 두 군데가 있었다. 하나는 초등학교에서 가까운 상점가 끝에 있었고, 다른 하나는 역 앞에 있었다. 나는 종종 아버지와 함께 상점가에 있는 목욕탕에 갔다. 안에 들어가 보면 손님 중에는 등에 문신이 있는 사람들도 있었다. 아버지와 나도 뜨내기 노동자들, 지역 야쿠자들 사이에서 몸을 씻곤 했다. 목욕탕에 오는 손님 중에 화이트칼라는 거의 없었고, 주변에 사는 직인, 직공, 공장주인, 그리고 연립 주택에 사는 독신자들이 그 목욕탕을 공유하고 있었다. 목욕탕 벽에는 후지 산이 비친 호수가 그려져 있었는데, 호숫가에는 초립을 쓴 노인이 낚싯줄을 드리우고 앉아 있었다.

공중목욕탕이 사라지고 아파트가 들어섰다

그러다가 아마도 내가 고등학교에 다닐 때쯤 공중목욕탕이 사라졌다. 내가 '아마도'라고 말한 것은 당시 상점가에 대한 기억이 전혀 없기 때문이다. 고등학생이었던 나는 집에서 곧바로 역으로 가서 전차를 타고 학교에 갔다가, 수업이 끝나면 저녁에 곧바로 집으로 돌아오는 생활을 계속했으므로 집 근처 상점가를 돌아다닐 여유가 없었다. 이것은 개인적인 상황이었지만, 1964년 도쿄올림픽을 전후로 해서 도쿄의 전체 경관이 크게 달라진 것은 분명했다. 이 시기에 건축한 주택에는 당연히 욕실이 설치됐고, 아파트는 말할 것도 없었다. 집에 욕실이 생기면서 공중목욕탕의 손님은 눈에 띄게 줄어들었다.

원래 장작을 태워 물을 데웠던 공중목욕탕도 이 시기부터 가스나 석유 버너를 사용하기 시작했다. 공중목욕탕에 다니던 습관이 있었던 윗세대는 이런 상황에서도 줄곧 공중목욕탕을 이용했다. 그러나 아파트에 사는 가족들에게 공중목욕탕은 완전히 무관한 장소였고, 이 시기가 지나고 나서는 공중목욕탕에 한 번도 가본 적이 없는 사람들이 늘어났다. 공중목욕탕만이 아니다. 어른과 아이들이 공동으로 쉼터로 사용했던 놀이터, 사람들이 낚시하던 수로, 탁구장으로 쓰던 공간, 뒷골목 과자 가게, 책을 빌려주던 대본소 같은 곳들이 동네에서 자취를 감췄다. 그 후 시대가 바뀌고 새로 등장한 것이 스포츠센터와 노래방 같은 시설이었다.

내가 공중목욕탕에 주목하는 이유는 그곳이 주민 생활에서 공동의 장과 같은 역할을 해서다. 공중목욕탕을 제외하고 주민이 생활을 공유하던 장소라면 주부들이 채소를 씻거나 아이들이 놀다가 물을 마시기도 했던, 용수로에 설치된 공동 세면장 정도가 있었던 것 같다. 공중목욕탕에는 몇 가지 지켜야 할 규칙이 있었다. 공동으로 사용하는 물통은 사용하고 나서 깨끗하게 헹군 다음 원래 있던 자리에 놓아둬야 했다. 욕조에 들어가면 거기 설치된 수도꼭지를 잠그는 것도 지켜야 할 예의였다. 불필요하게 물을 낭비해서는 안 되기 때문이었다. 욕조에 수건을 가지고 들어가 물에 담그지 않는 것도 이용자들에게는 상식이었다.

생각해보면 이런 약속에는 모든 이가 사용하는 공유물을 소중히 다루고, 오래 보존하려는 절약 정신이 담겨 있었던 것 같다. 이런 경제는 아파트 시대 이후 대량 생산, 대량 폐기 경제와 확연히 다르다. 애덤 스미스와 존 스튜어트 밀은 경제 발전 이후에 정상 상태가 도래하리라고 예언했다. '정상 상태'란 생활필수품이 충족돼 더는 경제를 발전시킬 필요가 없는 상황으로, 이런 상태가 되면 이전에 욕구 충족과 생활의 편의에 사용하던 자원을 삶의 풍요와 정신적 충족을 위해 사용하는 획기적인 전환이 이루어지리라고 믿었다. 그러나 적어도 일본에서 '정상 상태'라는 것이 실현된 적은 없었다.

다른 나라들도 마찬가지지만, 경제 발전을 이룬 결과로 인구가 감소하는 역사적 국면을 맞아 총수요가 감소하는 상황에서도 '경제 성장'이라는 말은 정치가와 사업가의 입을 떠난 적이 없다. 그 결과 부유층은 엄청나게 자본을 축적했지만, 중산층은 점차 무너져 빈곤층으로 전락하고 있다.

그리고 그 결과로 빈부 격차가 전례 없이 빠른 속도로 확대되고 있다. 만약 애덤 스미스와 존 스튜어트 밀이 현재 일본의 상황을 본다면 과연 뭐라고 말할지 궁금하다. 그들의 예언과 다르게 일본은 여전히 경제 성장을 부르 짖고 있다.

경제 성장은 일본뿐 아니라 세계화를 추구하는 다른 여러 국가에서도 일종의 신앙이 돼버렸다. 왜 이런 일이 일어나는 것일까? 이 문제에 관해 요점만 간추려보면, 오늘날 세계 경제를 견인하는 '주식회사'라는 것이 지 구 규모의 경제 성장기에 등장한 구상이어서 성장이 둔화하는 상황에서는 '자본과 경영의 분리'라는 체계 자체가 성립하기 어렵다는 것이다. 주주는 투자한 돈을 불려서 회수할 수 있다는 기대가 없으면 존재할 수 없으며, 이 윤이 늘어날 기약도 없이 늘 그대로라는 것은 주주가 존재할 근거를 상실 했다는 뜻이다. 즉, 주주에게 경제 성장 말고 다른 시나리오는 아무 의미 없다.

오늘날에는 수요가 포화 상태에 있는 현물시장에서 수익을 기대하기 어려워진 주주들은 돈으로 돈을 사고팔면서 겉만 그럴듯해 보이는 성장을 꾸며내고 있다. 소득 격차를 줄이려면 누진세를 적용하는 등 재분배 정책 이 필요하지만, 현재 금융 자본가들이 주장하는 구조개혁은 오히려 주주 (자본가)들이 격차를 확대하는 재분배 체계를 만드는 변화일 뿐으로 중산 층이 무너지고 빈곤층이 착취당하는 결과를 낳고 있다. 실제로 미국, 일본, 한국, 유럽 선진국에서도 빈부 격차는 점점 더 심각해지고 있다.

이런 현실을 상대적으로 살펴볼 때 쇼와 시대에는 과연 상황이 어땠는 지 새삼 궁금해진다. 분명히 그 시절에도 소득 차이가 있었지만, 사회에는 희망이 있었고, 오늘보다 내일이 나으리라, 아니 적어도 오늘보다 나쁘지 않은 내일이 오리라는 것을 의심하지 않았다. 그때 일본인들은 중산층이 무너지기 전에 기적적으로 정상 상태의 경제가 뿌리내리리라고 기대할 수 있었을까?

정상적인 경제의 중심에 있었던 공중목욕탕

내가 공중목욕탕에 다니던 시절 상점가에는 활기가 넘쳤다. 진열대에 신선한 채소와 생선이 가득한 가게들이 늘어서 있었고, 호객하는 가게 주인들의 목소리가 힘차게 울려 퍼지면, 손님들은 가게 앞에 멈춰 서서 찬거리를 이리저리 살피곤 했다. 약국이 있었고, 문구점이 있었고, 우유 가게 주인은 새벽에 자전거에 우유병을 싣고 달그락거리는 소리를 내며 마을을 한 바퀴 돌았다. 두부 가게가 있었고, 모자 가게가 있었고, 구두 가게가 있었고, 경단 가게가 있었고, 빵 가게도 있었다. 모두 활력이 넘쳤다. 이 중에서 지금도 남아 있는 것은 약국뿐이다.

명확한 사실은, 하나의 경제가 끝나고 새로운 경제가 들어서면서 마을 모습이 완전히 달라졌다는 것이다. 전후 70년을 통틀어 볼 때 짧은 기간이었지만, 각자의 가업을 중심으로 상품이 유통되고 필요할 때 필요한 양만을 소비하는 정상적인 경제가 마을 안에서 작동했던 시대가 있었던 것이다. 하지만 우리 안의 무엇인가가(나는 그것을 '탐욕'이라고 부를 수밖에 없다)가 이런 희소한 경제를 파괴했다. 공중목욕탕은 마치 상징처럼 그 정상 경제의 중심에 있었다. 그것은 지역 공동생활의 현장이었고, 그런 삶의 방식을 회복하기 위해 지금 배워야 할 지혜가 집적된 공간이었다. 내가 다니던 공중목욕탕에는 전후를 대표하는 시인 다무라 류이치의 "공중목욕탕에서 목욕하면 인정도 생긴다(銭湯すたれば人情もすたる)."라는 휘호를 걸어놓았

다(오래전 일이라 문장을 조금 다르게 기억하고 있을 수도 있다).

앞서 말했듯이 최근 나는 시나가와 구 이케가미센 역 근처에 다방을 열었는데, 마을을 걷다가 우연히 떠오른 생각이 계기가 됐다. 이케가미센의 에바라나카노부 역 근처 상점가도 쇠퇴한 느낌이 들긴 하지만, 어묵 전문점이 있고, 꼬치 가게도 있고, 경단 가게도 있고, 꽃 가게도 있어서 옛날 내가 살던 동네 상점가에서 느끼던 포근함이 있다.

내가 개업한 다방에 자주 들르는 상점가 사람들은 동네 새내기의 창업을 반가워하고 응원도 해준다. 음식재료 공동 구입을 비롯한 합동 이벤트 등 다양한 제안을 전해주기도 한다. 아직도 일본에는 이런 '공영회' 같은 게마인샤프트[37]가 남아 있어 무척 기쁘다. 현재 내가 다방을 운영하는 마을 근처에는 열댓 군데 상점가가 있는데, 그 대부분이 도쿄에서는 예외라고 할 정도로 활성화돼 있다. 그 한 가지 원인은 이곳이 예전 생활 관습이 아직 남아 있는, 다소 시대에 뒤처진 지역이라는 점이다. 마구잡이 부동산 개발에 휩쓸리지 않았다고 말해도 좋을 것 같다. 그런데 많은 상점가가 활발하게 영업하고 있지만, 몇 군데는 가게들이 절반 넘게 문을 닫았다. 이런 현상이 생긴 이유가 대체 무엇인지 궁금했다.

처음에 나는 1990년대까지 지역의 소상인들을 보호하던 소매점포법이 대폭 개정되고 2000년 폐지되자, 대형 매장들이 들어서서 지역 상점가를 장악해서 폐업한 가게들이 늘어났다고 생각했다. 물론 그런 이유도 있

---

37) Gemeinschaft: 가족·친족·마을처럼 자연적으로 형성된 혈연·지연·애정을 기초로 하는 사회. 독일의 사회학자 퇴니에스가 '게젤샤프트(Gesellschaft)'라고 부르는 이익사회 개념에 대립하는 것으로 '공동사회'라고도 한다. 전통과 관습, 종교의 지배력이 강하며 사회 구성원들이 상호 친밀감을 품고 교류할 수 있어 정서적으로 일체감을 느낀다.

었지만, 계속해서 이 문제를 조사해보니 다른 원인이 있다는 것이 분명히 드러났다. 그것은 1980년대 중반에 시작해서 1990년대 일본을 뒤덮은 부동산 버블이었다. 이런 상황에서 건설업자들이 상점가에 들어왔고, 근처에 대형 아파트를 짓기 시작했다. 아파트를 건설하면 주민이 늘어나서 상점가도 활성화될 것 같았지만, 폐업한 상인들의 말을 들어보니 이 시기부터 상점가가 쇠퇴하기 시작했다고 한다.

　새로 입주한 아파트 거주자들은 대부분 그 지역 주민과는 가족 구성이나 생활양식이 달랐다. 아파트 주민 남자들은 도쿄 중심부로 일하러 갔다가, 일이 끝나면 회사 근처에서 식사하거나 밤늦게 귀가하기 때문에 주부들은 냉동식품을 해동해뒀다가 식탁에 내놓았다. 혹은 대출을 받아 아파트를 장만한 부부는 대부분 맞벌이를 했기에 상점가에서 매일 음식재료를 사서 음식을 만들어 먹기가 어려운 상황이었고, 주말에 멀리 떨어진 대형 할인점에 가서 한꺼번에 장을 본 것들을 냉장고에 쟁여두는 쪽이 훨씬 경제적이었다. 그러다 보니 상점가에서 물건을 살 이유가 없었다.

　원인은 상점 쪽에도 있었다. 당시 일본에서는 가업의 승계가 심각한 사회 문제였다. 아직 버블이 꺼지지 않은 상태에서 성장에 대한 환상이 강했던 시대였던 탓에 가업을 이으리라고 생각했던 자식들이 채소 가게나 생선 가게를 물려받기보다는 대학을 졸업하고 대도시에서 샐러리맨이 되는 길을 택했다. 따라서 점포를 팔아서 그 돈으로 아파트를 사고 현대적인 공간에서 편리하게 살기를 희망하는 사람이 많았다. 이런 변화에는 점포들이 있던 지역의 토지를 수용해서 대형 아파트 건물을 건축하려는 건설업자들의 속셈도 작용했다. 어쨌든 1990년대를 지나며 아파트가 들어서기 시작한 지역의 상점가는 활력을 잃었다. 동네 공중목욕탕이 사라지기 시작한 것도 이 무렵이었다. 공중목욕탕은 더 넓은 땅을 차지하고 있었기에 건물을 없애면 아파트 한 동을 충분히 지을 수 있었다.

발밑에 있는 정상적인 경제

인구가 감소하는 시대가 됐는데도 계속해서 경제 성장을 추구할 것인지, 아니면 새로운 방식의 경제 활동으로 패러다임을 전환할 것인지, 그 선택은 매우 긴급한 과제다. 그런데도 정부와 재계는 변함없이 과거의 경제 성장 전략을 외치고, 대다수 국민 또한 전 세계를 상대로 경쟁에서 이겨야 한다며 정부를 지지하고 있다.

나는 성장 동력을 상실한 시대에 성장 전략은 어떤 것인지 생각해보았다. 그러나 앞서 언급한 것처럼 주식회사는 성장이 존재 이유인 만큼, 무슨 수를 쓰든 성장하려고 한다. 그래서 사이버 공간에서 새로운 투자처를 찾거나 세계 금융시장에 진출해서 본업 이외의 이윤을 확보하려고 고군분투한다. 국내에서 투자처가 사라지면 국외에서라도 찾아야 한다. 국내 현물 시장에서 성장을 지속할 수 없다면 빈곤층에서라도 성장할 시장을 만들어내야 한다.

구조적인 이유로 성장할 수 없다면, 성장하지 않고도 기능하는 사회 체계를 구상하는 것이 자연스럽고 당연한 일이지만, 성장을 전제해놓고 생각하는 것은 본말이 전도된 것이다. 서브프라임론은 미국 내 빈곤층을 상대로 발행했던 채권을 증권화하여 새로운 금융상품으로 포장한 사기성 사업이었다. 2008년 9월 리먼 쇼크로 이런 사기 사업은 끝장났지만, 미국에서는 주택에서 자동차에 이르기까지 대출 대상을 바꿔가며 새로운 서브프라임론이 우후죽순 격으로 생겨났다. 장기적 관점에서 보면, 이것은 본

말이 전도된 경제 과정으로 무리수이며 버블을 계속해서 키워가면서 그것이 마치 그럴듯한 경제 성장인 것처럼 포장하는 수단이다.

그러나 애덤 스미스와 존 스튜어트 밀이 예언했듯이 경제가 성장하고 시장이 포화 상태가 되면 지속적으로 성장하기는 불가능하다. 세계화가 진행 중인 지금, 선진국들은 개발도상국 시장에 진출해서 성장세를 이어가고 있지만, 결국 그 시장도 포화 상태가 될 것이다. 중국과 인도에서도 한 집에 한 대씩 자동차를 보유하게 되면 성장이 둔화할 것은 선진국 경제 발전의 역사를 봐도 자명한 일이다. 게다가 중국과 인도의 인구를 생각할 때 이런 방식으로 성장 동력을 찾는다면 지구 환경에 심대한 영향을 끼칠 것이다. 오염된 중국의 대기, 물, 토양이 바로 그 전조인 셈이다.

나는 우리가 살아남으려면, 무리한 성장을 멈추고 선구적으로 정상 경제 모델을 확립해야 한다고 생각한다. 그러나 현실적으로 세계 어디서도 아직 전례를 남기지 못한 정상 경제를 어떻게 실현할 수 있는지에 대해서는 아무도 답을 제시하지 못하고 있다. 지금까지 선진국들은 주기적인 대량 생산, 대량 폐기를 통해 경제를 활성화해왔다. 이를 위해 끊임없이 석유를 태우고, 원자력을 사용하고, 숲을 훼손하고, 마구잡이로 어류를 남획하면서 지구 환경을 파괴했다. 필요한 만큼만 적절하게 소비했던 선인들의 방식을 되살리는 노력을 이제부터라도 기울여야 한다.

그러려면 우선 변해야 하는 것은 정치가와 사업가의 활동 방식이 아니라(이것이 어렵다는 것은 그들의 발언에서도 명확하게 드러난다) 우리 자신의 의식이다. 전후 경제 성장의 시대적 분위기에서 활동해 온 정치가와 사업가가 변하기를 기대하기는 어렵다. 경제 성장의 혜택을 보고, 그 열매와 편의를 누려온 우리도 역시 의식을 바꾸기가 쉽지 않지만, 중산층이 하류층으로 몰락하는 지금 상황에서 살아남기 위한 생존전략을 찾는 것은 절실한 과제이며 그래야만 희망이 있다.

실제로 경제가 정체된 뒤에 태어난 젊은이 중에서는 현실성 없는 성장 전략에서 해답을 찾기보다는 실생활에서 공생의 길을 찾는 이들이 늘고 있다. '셰어하우스' 같은 공유 공간에서 살거나 NPO 활동을 택하고 대도시를 떠나 시골에 정착하는 등 젊은이들의 미래 선택에 변화가 생기기 시작했다. 나는 이들이 부득이하게나마 찾아낸 생존전략에서 정상 경제의 맹아적 형태가 싹트고 있다고 믿는다.

나 자신도 아키하바라의 고층 빌딩에 있던 사무실에서 나와 다방에서 걸어서 1분 거리에 있는 식당 자리에 규모를 줄여 새 사무실을 차렸다. 그 덕분에 전보다 차분하게 일할 수 있게 됐고, 직원들도 자전거나 도보로 출근할 수 있어서 교통비도 들지 않는다. 매일 회사 근처 공중목욕탕의 넓은 탕 속에 앉아 있노라면, 경쟁 전략, 성장 전략, 원자력 발전소 재가동, 집단 자위권 행사 같은 사안들이 뭔가 들뜨고 소란스럽고, 우리 삶의 본질적인 차분함을 잃게 하는 것은 아닌가 하는 생각이 든다. 찬찬히 바라보면, 정상 경제를 우리가 발로 딛고 서 있는 이 땅에서 얼마든지 찾을 수 있을 것 같다. 지금 일하고 살아가는 바로 이곳을 소중히 여기고, 품격 있는 국가로서 실현할 수 있는 경제를 새롭게 구상해보자. 품격 있는 국가는 품격 있는 의식을 통해 구현될 수 있다. 나는 그렇게 믿는다.

이 책을 끝까지 읽어주셔서 감사하다.

얼마 전 오지탐험가인 다카노 히데유키를 만났을 때, 미얀마 변경 지대에서 생활한 경험, 콩고의 정글과 아마존 밀림에서 신비한 동물들을 관찰한 경험, 내란 중의 소말리아에서 지낸 경험에 관해 이야기를 나눴는데, 세상에는 근대문명과 동떨어진 세계가 존재하고, 그런 곳만을 찾아다니며 사는 사람도 있다는 사실에 말할 수 없이 감동했던 기억이 있다.

그와의 대화에서 특히 흥미로웠던 점은 현지 음식에 관한 내용이었다. 그는 프랑스 요리나 이탈리아 요리 같은 것도 결국 그 지역의 음식일 뿐이며, 그런 점에서 미얀마와 콩고, 인도의 오지에서 먹은 현지 음식과 다를 바 없다고 했다. 따라서 그는 어떤 오지에 들어가더라도 그곳 사람들이 먹은 음식은 무엇이든 먹는다. 맛있다, 맛없다는 기준과 무관하게 단지 살기 위해서 먹는 것이다. 고릴라 뇌로 만든 수프나 정체를 알 수 없는 곤충이라도 그것이 그곳에서 살아남는 데 필요한 음식이라면 먹는 것이다. 그러나 그런 오지에도 자본주의 파도가 밀려오고 있고, 언젠가는 지구에서 오지가 완전히 사라지는 날이 올 수도 있을 것이다.

한편 나는 반경 1킬로미터 안에 사무실과 서재, 생업 시설을 갖추고 매일 같은 길을 걸으며 같은 다방에서 커피를 마시고 같은 공중목욕탕에서 목욕하며 살고 있다. 모험도 없고, 위험도 없고, 어제와 오늘이 다를 바 없는 나날을 보내고 있는 것이다. 어찌 보면 내향적, 고립적, 비생산적 일상인 셈인데, 다카노 씨의 말을 들으면서 묘하게도 "아, 내 삶도 이 분의 삶과 다를 바 없구나."하는 생각이 들었다. 오지 탐험가를 동네 탐험가와 동일시하려는 것은 아니지만, 서구 중심주의, 미국 추종주의, 입신 출세주의, 경제 성장 지상주의 같은 것들과 관계없는 곳을 돌아다니는 행태는 같다는 생각이 들었기 때문이었다. 혹은 세계를 넓은 시각으로 바라보고 경험하면서 보편적 가치관에 따라 이해함으로써 세계는 우리에게 아무것도 가르치려 들지 않는다는 사실을 마음에 새기는 자세를 공유하기 때문인지도 모르겠다.

이 책은 최근 몇 년 동안 세계 자본주의 조류에 떠밀리면서 '아, 이건 아니야'라며 위화감을 느꼈던 경험들을 글로 엮은 것이다. 그런 위화감 때문에 생긴 것들이 무엇인지 생각해보면 조촐한 여행(이웃 마을도 탐험했다)의 기록이라고 해도 좋을 것이다. 그런 의미에서 이 책은 내 삶의 공간에 여전히 남아 있는 오지를 돌아본 탐험기라고 해도 좋을 것이다. 이런 책에 얼마나 많은 독자가 공감할지 알 수 없으나 고심하면서 일궈낸 성찰로 읽어준다면 행복할 것 같다.

짧지 않은 시간을 들여 이 책을 읽어주셔서 고맙고, 늘 힘이 돼주는 가도카와 매거진즈(Kadokawa magazines)의 요시다 미쓰히로 씨한테도 고마운 마음을 전한다.

| 참고·인용문헌 |

마르셀 모스(Marcel Mauss), 『증여론』(아리치 도오루有地亨 번역, 케이소우쇼보勁草書房, 2008)

이와이 가쓰히토(岩井克人), 『화폐론』(지쿠마쇼보筑摩書房), 1993)

칼 마르크스, 『마르크스 컬렉션IV 자본론 제1권 상』(이마무라 히토시今村仁司·미시마 겐이치 三島憲一·스즈키 다다시鈴木直 공역, 지쿠마쇼보筑摩書房, 2005)

존 르 카레John le Carré, 『팅커, 테일러, 솔저, 스파이Tinker, Tailor, Soldier, Spy』(기쿠치 미쓰 菊池光 번역, 하야카와쇼보早川書房, 1975)

데이비드 모러(David W. Maurer), 『빅 콘 게임(The Big Con)』(야마모토 미쓰노부山本光伸 번역, 고분샤光文社, 2008)

다자이 오사무, 『오토기조시お伽草紙』

『됴쿄진』(2009년 11호, 도시출판都市出版)

아미노 요시히코網野善彦, 『일본의 역사를 다시 읽다日本の歴史をよみなおす』(지쿠마쇼보, 1991)

엠마누엘 토드(Emmanuel Todd), 『세계의 다양성』(오기노 후미다카荻野文隆 번역, 고후지 와라쇼텐藤原書店, 2008)

미셸 알베르(Michel Albert), 『자본주의 대 자본주의』(고이케 하루히小池はるひ 번역, 다케 우치쇼텐신샤竹内書店新社, 2008)

하기와라 사쿠타로(萩原 朔太郎), 『고양이 마을(猫町)』

애덤 스미스, 『국부론 I~III』(오오고우치 가즈오大河内一男 번역, 추코문코中公文庫)

히라카와 가쓰미, 『이행기적 혼란移行期的混乱』(지쿠마쇼보, 2010)

히라카와 가쓰미, 『소상업의 권유小商いのすすめ』(미시마샤, 2012)

동물도감 사이트, 「TOMORROW is LIVED」

데이쿄쿠 데이터뱅크, 「장수 기업의 실태 조사」(2013)

제1장은 이 책의 전반적 도입부로서 생활인의 시선에서 자본주의를 분석했다. 블로그 등에서 같은 글을 발표한 적이 있으나 수정 보완했다.

제2장은 과거에 발표한 내용을 대폭 가필 수정한 글을 수록했다. 원문과 달라진 것도 있다.

이 책의 원제인 '뒷골목 자본주의'는 『홋카이도신문』에 부정기적으로 연재한 칼럼 「각자핵론(各自核論)」에 게재한 글의 제목이다.

- 대출이 일상화된 자본주의, 『홋카이도신문』, 「각자핵론」, 2013년 3월 29일 게재, "'노는 사람들의 경제'가 만연"
- 후안무치한 사람들, 『홋카이도신문』, 「각자핵론」, 2012년 11월 16일 게재, "자기 조절에서 생긴 경지"
- 다방이 사라진 이유와 일하는 이유, 『홋카이도신문』, 「각자핵론」, 2014년 4월 4일 게재, "'무위의 문화'와 다방"
- 편의점이 잃어버린 것들, 『홋카이도신문』, 「각자핵론」, 2012년 7월 6일 게재, "편의점이 눈에 띄지 않는 동네"
- 환영만 남은 유적지에서 존엄사 법안을 생각하다, 『홋카이도신문』, 「각자핵론」, 2012년 8월 31일 게재, "돌아갈 때를 남기지 않는 소비도시"
- 지혜로운 관례로서의 증여, 『홋카이도신문』, 「각자핵론」, 2013년 7월 12일 게재, "병구완으로 깨닫게 된 지혜"
- 얼굴 없는 소비자, 『홋카이도신문』, 「각자핵론」, 2014년 1월 10일 게재, "얼굴 없

는 소비자"

- 인터넷에서 교환되는 위험한 말과 화폐의 관계(최초 발표가 어딘지 기억나지 않는데, 블로그라고 생각한다)
- 교육과 정의, 2012년 11월 6일 블로그에 「카페 히라카와점주 경박」으로 게재
- 빵과 서커스에 놀아나는 사람들, 『홋카이도신문』, 「각자핵론」 2013년 10월 4일 게재, "위험한 올림픽개최 찬양 분위기"
- 시간에 대한 고찰, 『야세지다이(野性時代)』, 2005년 8월 12일 게재, 「화폐라는 기묘한 운동」
- 기르던 개의 유언(히라카와 가쓰미가 주관하는 음원 사이트 「라디오 데이즈」에 게재한 칼럼 내용이다)

제3장은 최근 관심사인 주식회사와 가족 제도를 둘러싼 담론으로 같은 주제로 쓴 몇 편의 글을 잡지에도 발표했다. 이전 저서인 『글로벌리즘이라는 병』(도요게이자이신보샤), 『마그나카르타』 2014년 7월 호(빌리지북스)에도 같은 주제의 글이 있으나, 이 책에서는 '주식회사'라는 제도가 원칙적으로 언젠가는 폐기될 수밖에 없다는 사실에 중점을 두고 살펴봤다.

제4장과 제5장은 저자의 현재 생활을 반추하면서 개인이 변질된 자본주의를 어떻게 바라보고 어떻게 그 영향을 피할 수 있는지 생각하며 썼다.